ひと目でわかる！
庭木の剪定

村越匡芳　監修

池田書店

もくじ

本書の見方 …… 4

第1章 剪定の基本

剪定の目的 …… 6
仕立てのタイプ …… 7
樹木のタイプと
部位の名称 …… 8
基本的な2つの剪定 …… 10
❶ 基本の剪定
必要な道具 …… 12
❶ 基本の剪定
枝の切り方 …… 14
❶ 基本の剪定
不要な枝の種類 …… 16
❶ 基本の剪定
道具の使い方 …… 17
❷ 刈り込み剪定 …… 18
花芽のつき方と
花木の剪定 …… 20
ケーススタディ
ここが知りたいQ&A …… 22
樹木の12カ月サイクル …… 28

第2章 落葉樹の剪定

落葉樹の剪定 …… 30
アジサイ …… 32
ウメ …… 34
カエデ・モミジ …… 36
クロモジ …… 38
サルスベリ …… 40
シダレモミジ …… 42
シラカバ …… 44
スモークツリー …… 46
ドウダンツツジ …… 48
トサミズキ …… 50
バイカウツギ …… 52
ハクモクレン …… 54
ハナミズキ・ヤマボウシ …… 56
ヒメシャラ …… 58
フジ …… 60
ボケ …… 62
マメザクラ …… 64
マンサク …… 66
ムクゲ …… 68
ユキヤナギ …… 70
ライラック …… 72
レンギョウ …… 74
ロウバイ …… 76
エゴノキ …… 78
ガマズミ …… 79
シデコブシ …… 80
ナツツバキ …… 81
ヤマブキ …… 82

第3章 常緑樹の剪定

常緑樹の剪定 …… 84
アセビ …… 86
アベリア …… 88
アメリカヒイラギ …… 90
アラカシ …… 92
イヌツゲ …… 94
カクレミノ …… 96
カナメモチ …… 98

カラタネオガタマ	100
キンポウジュ	102
キンモクセイ	104
ギンヨウアカシア	106
クチナシ	108
クロガネモチ	110
ゲッケイジュ	112
サザンカ	114
サツキ（ツツジ）	116
シマトネリコ	118
シャクナゲ	120
ソヨゴ	122
ツバキ	124
トキワマンサク	126
ナンテン	128
ヒイラギナンテン	130
ヒサカキ	132
ピラカンサ	134
モチノキ	136
モッコク	138
アオキ	140
オリーブ	141
シャリンバイ	142
ヤツデ	143
ヤマモモ	144

第4章 針葉樹の剪定

針葉樹の剪定	146
イトヒバ	148
イヌマキ	150
カイヅカイブキ	152
キャラボク	154
タケ	156
チャボヒバ	158
ニッコウヒバ	160
マツ	162
コウヤマキ	166
コニファー類	167
ササ	168
トウヒ	169

コラム さまざまな伝統的な剪定方法 … 170

第5章 果樹の剪定

果樹の剪定	172
カキ	174
柑橘類	176
キウイ	178
ザクロ	180
ブルーベリー	182
ジューンベリー	184
ビワ	185
フェイジョア	186
ブドウ	187

用語解説 … 188
樹種別索引 … 191

本書の見方

剪定方法
そこで紹介している剪定方法や時期を表記しています。なお、剪定方法については、剪定バサミなどを使って不要枝（→P.12）を切り、形や大きさを整える一般的なものを「基本の剪定」、より少ない手間で行うために刈り込みバサミを使うものを「刈り込み剪定」としています

別名
よく使われている別名を表記しています

漢字・科属名
一般的に使われている名前の漢字と植物分類学で分類された科属名を表記しています

樹木名
一般的に使われている名前をカタカナで表記しています

具体的な剪定の仕方
剪定の仕方を紹介しています。なお、メインのイラスト・写真内の青色の線は剪定箇所の一例、オレンジ色の点線は仕上がりの樹冠ライン例を示しています（メインイラストと説明写真の剪定箇所は必ずしも一致しているわけではありません）。いずれも目安であり、実際には状況に応じた剪定をします

樹木の形

卵　　形	樹冠が卵のように下が膨らんだ球形をしている
倒卵形	樹冠が卵を逆さにしたように上が膨らんだ球形をしている
広卵形	卵型の横幅が広いタイプ
長卵形	卵形の樹高が高くなるタイプ
半球形	樹冠が球の上半分のように丸を帯びている
円錐形	文字通り樹冠が円錐形をしている
広円錐形	円錐形の横幅が広いタイプ
円柱形	文字通り樹冠が円柱形をしている
株立ち	地際から何本もの幹が立ち上がっている
枝垂形	外へと広がる枝が垂れ下がっている
つる性	主幹と枝がつる状に伸びる
タケ形	タケのように節ごとに枝葉が伸びる

観賞
花や実を楽しめる時期を表記しています。ただし、地域や生育環境によって異なる場合もあります

剪定
樹木の生理学上、剪定にもっとも適した時期を「最適期」、剪定できる時期を「可能期」、剪定には向かない時期を「不適期」として表記しています

花芽
花芽がつくられる時期（付期）を表記しています。その時期以降に剪定すると、次の花期の花数が減ることになります

大きさ
その樹木の目安となる形（左の表参照）と庭木として育てた場合の一般的な高さを表記しています

花色・実色
一般的に市場によく出回っている花の色、実の色を表記しています

仕立て方
よく用いられる仕立て方を表記しています

耐陰性
基本的に樹木は生長するために日光を必要としますが、耐陰性のあるものは、ある程度日光が当たらない状態でも育つことができます。その強さを、「強い」「やや強い」「普通」「やや弱い」「弱い」の5段階で表記しています（強いほうが、日光があまり当たらない状態でも育つことができます）

耐寒性
寒さに耐えられる強さを、「強い」「やや強い」「普通」「やや弱い」「弱い」の5段階で表記しています（強いほうが、寒い地域でも育つことができます）。「やや弱い」以下のものは、関東より北の地域では防寒対策が必要になることもあります

剪定の基本

剪定の目的

剪定の目的のひとつは樹木の効果を高めるため

多くの場合、樹木は目的をもって植えられます。

一般の家庭では、その目的としてもっとも多いのは、花や葉を鑑賞するためでしょう。季節に応じて咲く美しい花は日々の生活に豊かな彩りを加えてくれますし、鮮やかな緑の葉は疲れた心を癒してくれます。

また、実を収穫するために植えられる場合もあれば、生垣のように外から見えにくくすることや強い日差しを避けられるように木陰をつくることを目的とすることもあります。さらに、防風や防塵のために「樹木を植えたい」と思うこともあるでしょう。

剪定の目的のひとつは、その樹木が植えられた目的の効果を高めることです。つまり、花を楽しみたければより多くの美しい花を咲かせるため、果実を収穫するのであればより充実した果実を実らせるために行うのが剪定というわけです。

大きさを抑えることも重要な要素

一方、もうひとつ、剪定の目的として忘れてならないのが、大きさを抑えることです。

どれほど自分の家の樹木が大切でも、大きくなりすぎてまわりに迷惑がかかるようではいけません。当然のことながら、庭の広さに応じた大きさにまとめることが、剪定では必要になります。

むやみやたらに切ることがあり ません。樹木を植えたときの目的を考え、庭の広さや状況に応じて枝を切るように心がけましょう。

剪定の目的

剪定は、おもに次のふたつのために行われる

- 樹木が植えられた目的の効果を高める
- ＋
- 大きさを抑える

樹木を植える目的

庭木は基本的に何かの目的をもって植えられる。その目的によって、剪定の方法は変わる

●果実の収穫や目隠し・木陰づくりのため
より実用的な目的がある場合は、それにふさわしい剪定を。果樹は剪定によって収穫量がかわることもある

●花や葉を鑑賞するため
花木は花つきがよくなることを目指す。観賞用なので樹木全体の姿が乱れているのはＮＧ

仕立てのタイプ

剪定前に完成形となる仕上がりをイメージする

剪定の世界での仕立てとは、手を加えて仕上げた最終的な樹形のこと。ポピュラーなものとして、樹本来の樹形をいかした自然樹形がある一方、主幹から伸びた枝葉を段状にまとめる段づくり、クリスマスツリーのように下部が広くて先端が細い円錐形など、人工的なタイプも数多くあります。壁の代わりとして用いられる生垣も仕立ての一種です。

実際に枝を切る際には、まずはどのように仕上げたいのか、その完成形となる仕立てをしっかりとイメージすることが重要。樹木を植える段階で仕立てまで考えておくことが基本ですが、現在植えてある樹木を違う仕立てにすることも可能です。

樹種の特徴や植えられている目的、庭のスペースなどを考慮しながら、状況に応じた仕立てを選びましょう。

仕立てのタイプ

樹木の性質や見た目の美しさなどに応じて、さまざまな仕上がりの形がある

棚仕立て
つくった棚に枝やつるを誘引する。フジやキウイなどのつる性植物に用いられる

玉づくり
球状の仕立て。おもに刈り込みバサミを使う

半球形
文字通り半球形（真横から見て半円形）に刈り込む仕立て。なかでも高さを低くし、主幹は根元が少し見える程度のものは低半球形と呼ぶ場合もある

スタンダード
主幹の下枝と下葉を切り落として、上部だけに球形や立方体などに刈り込まれた枝葉を残す仕立て

トピアリー
樹冠全体を、幾何学的な模様や動物の姿などのさまざまな形に刈り込んだもの

模様木
樹が何かの模様になるように、人工的にデザインしたもの

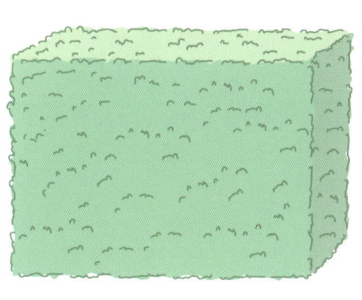

生垣
葉や枝が細かく茂る庭木を垣根として利用する

株立ち
地際から何本もの幹が立ち上がり、まとめてひとつの樹形を形づくるように仕立てる

自然樹形
その樹木の本来の樹形をいかした仕立て

段づくり
主幹から伸びた枝ごとに、枝葉を段状に刈り込む

円錐形
下部を広く、先端を細く仕立てる

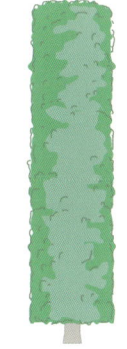

円柱形
文字どおり円柱のように、下から上へと一定の太さの樹冠で仕立てる

樹木のタイプと部位の名称

大きくは広葉樹と針葉樹や落葉樹と常緑樹にわけられる

剪定は樹木を切る作業ですので、樹木というものについて知ることが、正しい剪定へとつながります。

そもそも樹木には、とても多くの種類があり、庭木としてよく植えられるものだけでも100種以上あるといわれています。いろいろな分類の仕方がありますが、大きくは広葉樹と針葉樹、もしくは落葉樹と常緑樹にわけられます。剪定に関しては、落葉樹は葉が落ちた落葉期に行うとよいなどの、タイプに応じたポイントがあります。

また、樹木に関する言葉として、樹冠や側枝というように樹木の各部位には決まった名称がつけられています。樹木を購入する際や剪定の専門家に相談する場合にも、より的確にこちらの意図を伝えられるので、基本的な用語は覚えるようにしましょう。

葉の形による分類

葉のかたちの違いは大きくは2種類、広葉樹と針葉樹にわけられる

広葉樹
ケヤキ、ブナ、ナラ、ツバキなど丸く平らな葉をもった樹木。樹形は卵型などが多い

針葉樹
スギ、ヒノキ、マツ類、モミなど、細くとがった葉をもった樹木。樹形は円錐形や円筒形が多い

葉の性質による分類

もっともベーシックなわけ方のひとつ。落葉樹は葉が落ちている落葉期に剪定をするのが基本となる

落葉樹
ある決まった時期に葉が落ちる樹木のこと。一般的に日本では秋に葉が落ち、翌春に新芽を出す。広葉樹がほとんどだが、カラマツのように針葉樹のなかにも落葉するものがある

常緑樹
秋になっても落葉せず、おもに春の伸長期に葉が落ちて入れ替わる樹木のこと。交代に新葉をつけるので、常に葉がついている。針葉樹の多くが常緑樹であるほか、ツバキ科の樹木のように落葉しない広葉樹もある

樹木のタイプと部位の名称

剪定の基本

樹形による分類

文字通り、樹木の形の違いによるわけ方。下は代表的な例。一本立ちと株立ちについては、両方のタイプがある樹種も多くある

枝垂れ
外へと広がる枝が垂れ下がる樹形

株立ち
地際から多くの幹が生えて、全体で小さな森のように見える樹形

一本立ち
単幹ともいう。太い一本の主幹から脇枝がついている樹形

つる性
フジやキウイのように、主幹と枝がつる状に伸びる樹形

樹木の部位

樹木の部位には、それぞれ名称がつけられていて、剪定では"樹冠"という言葉などがとくによく使われる

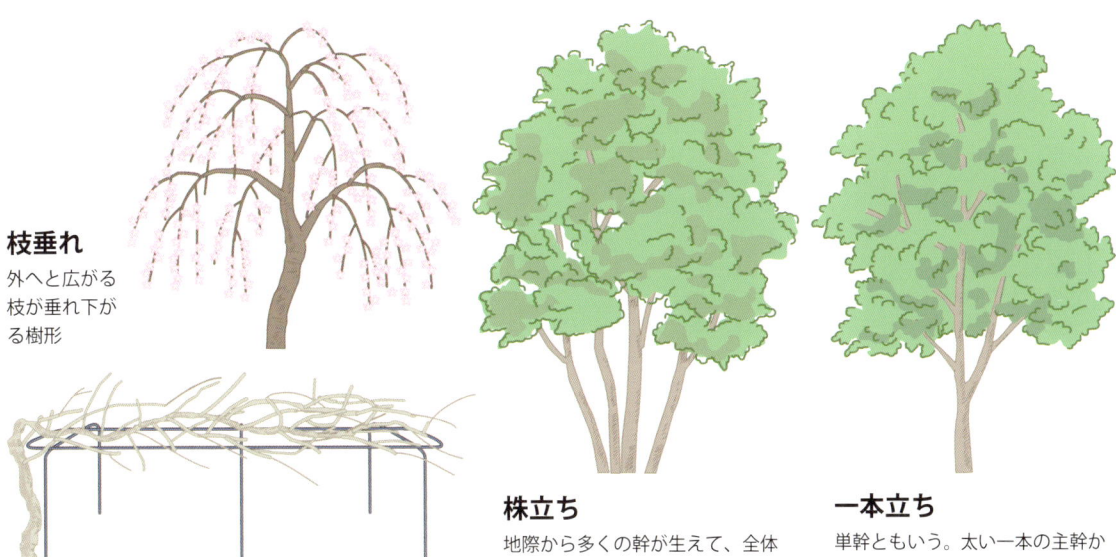

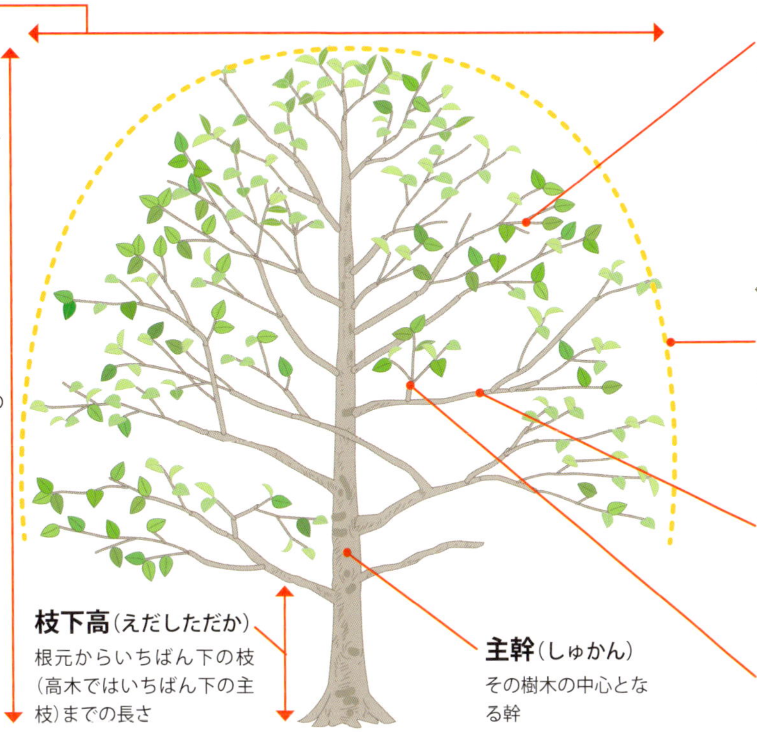

節（ふし）
枝のなかの芽（生育後は葉や枝、花となる）がつく部分。ほかの部分よりも少し太くなっていることが多い

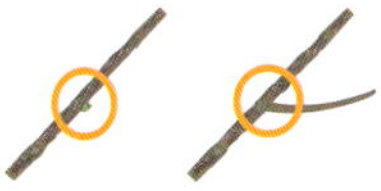

葉張り（はばり）
葉がついている部分、横方向の大きさ

樹高（じゅこう）
株の根元から樹冠の先端までの高さ

樹冠（じゅかん）
枝葉が張っている部分。樹種によってその形態が違うので、その特徴を知っていると、樹種の識別にも役立つ

主枝（しゅし）
主幹から生える、その樹木の骨組となるような主要な枝

枝下高（えだしただか）
根元からいちばん下の枝（高木ではいちばん下の主枝）までの長さ

主幹（しゅかん）
その樹木の中心となる幹

側枝（そくし）
主枝から伸びる枝

基本的な2つの剪定

剪定の仕方はこの2つ！

❶ 基本の剪定

多くの樹木において、この方法がベースとなる。大きくわけると工程は2つ。ひとつは込み合った枝や内向枝などの不要枝（→P.12）を整理することであり、もうひとつは樹冠を乱す枝を切り、形を整えて状況に合った大きさにまとめることである

手順❷ 形を整える

全体的な形を整えて、大きさをまとめるのも、剪定の大きな目的のひとつ。そのために、外側の枝や樹冠を乱す枝を切り落とす。節（枝わかれしているところ）のすぐ上で切るのが基本

手順❶ 込み合った枝や不要な枝を整理する

込み合った枝（→P.15）の数を減らしてすっきりさせる。内向枝や立ち枝、交差枝などは、つけ根から切り落とす

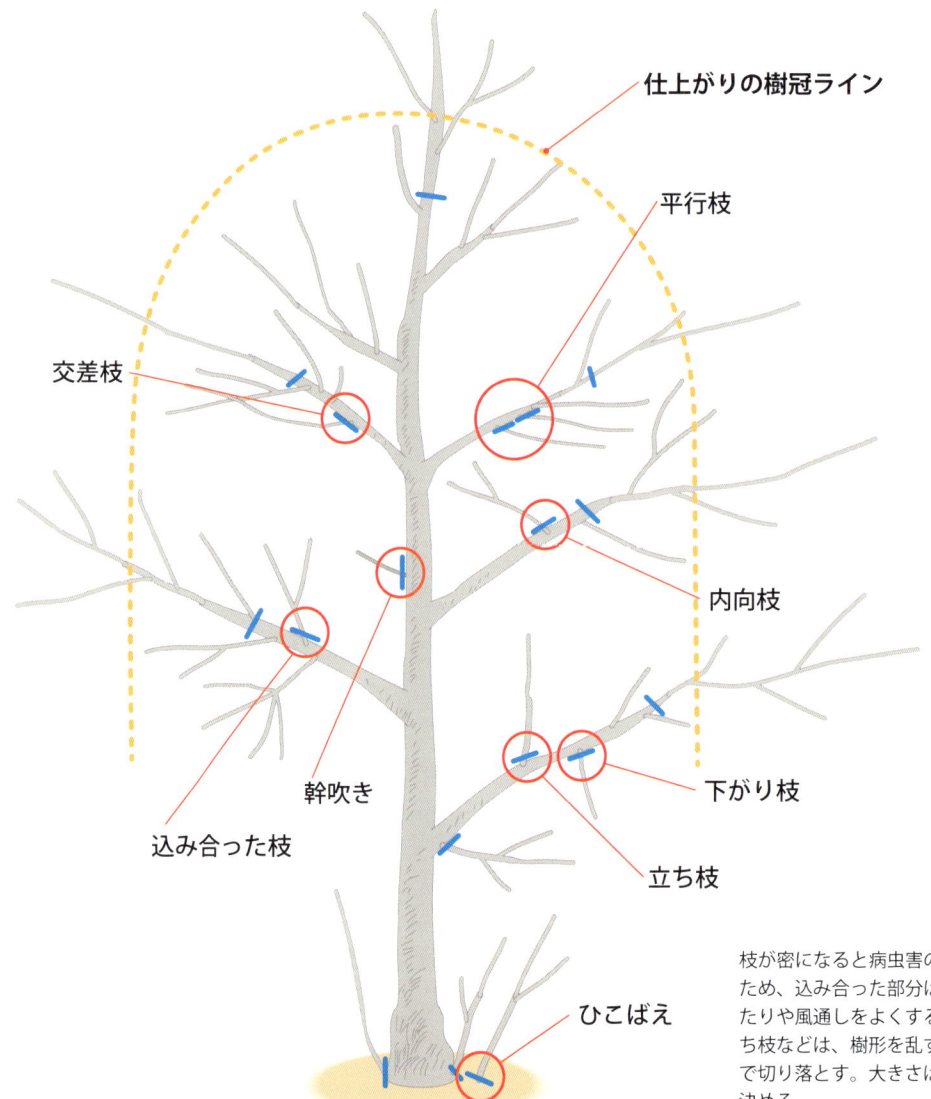

枝が密になると病虫害の原因にもなるため、込み合った部分は整理して日当たりや風通しをよくする。内向枝や立ち枝などは、樹形を乱すことになるので切り落とす。大きさは状況に応じて決める

※イラスト内の青色の線は剪定箇所の一例、オレンジ色の点線は仕上がりの樹冠ライン例

剪定とは不要な枝を整理して大きさを整える作業

「庭の木を切ってきれいにしたい」と思っても、初めはどの枝を切ればよいのか、なかなかわからないものです。それぞれの樹種に適した剪定の仕方というものもあり、「剪定は難しい」という印象があるかもしれません。とはいえ、どの樹種にも共通している事柄は多く、基本的な剪定の仕方を覚えてしまえば、あとはその応用と考えることもできます。ここでは、さまざまな樹種、多くの仕立て（→P.7）のベースとなる、基本的な2つの剪定を紹介します。

剪定とは、簡単にいうと、不要な枝（→P.12）を整理して、形を整える（大きさをまとめる）作業です。このことを念頭におくと、どの枝を切るか、迷うことは少なくなるでしょう。なお、「基本の剪定」の場合、枝を切る際には、下から上へと行うとスムーズに作業できますが、その理由は上から切っていくと、切った枝がまだ切っていない部分に落ちてついてしまい、邪魔になる可能性があるから。

ただし、専門家でも上から切る場合はあり、状況によっては上から切っても構いません。

❷刈り込み剪定

イヌツゲやカナメモチ、ドウダンツツジのように枝葉が細かく、萌芽力が強い樹木は、より少ない手間で形を整えるために刈り込み剪定をする。ふところの不要枝の整理も行うが、表面が密になっていてハサミを差し込めない場合などはできる範囲でよい

手順❷
刈り込みバサミで形を整える

刈り込みバサミを使って、形や大きさを整えていく。一度刈り終わったら少し離れた位置から全体を見て、凸部がなくなるように二度刈り、三度刈りをしたり、切り口が目立つところを木バサミで整理する

手順❶
太枝を整理する

想定している樹冠ラインからはみ出している太枝があれば、それを切る。ハサミを差し込んで、樹冠ラインよりも内側の節（枝わかれしているところ）のすぐ上で切るのがポイント

仕上がりの樹冠ライン

樹冠からはみ出した太枝

刈り込み剪定は、生垣や人工的な仕立てでよく用いられる。美しい樹形を保つために、少なくても年に一度は刈り込みたい。大きさを維持したければ、その年に伸びた新梢の分を刈るようにする

※イラスト内の青色の線は剪定箇所の一例、オレンジ色の点線は仕上がりの樹冠ライン例

❶ 基本の剪定
不要な枝の種類

内側へと伸びる枝などが剪定の対象になる

剪定とは、その樹木の植えられた目的に合う枝を残し、不要な枝を切り落とす作業です。

したがって、どのような枝が不要となるのかを知ることは、とても大切です。

ひとくちに不要枝といっても、いろいろな種類があり、内向枝や立ち枝など樹形を乱す枝がその代表的なものとして挙げられます。

なお、下の説明では、わかりやすく分類していますが、実際には、わかりやすく交差枝でもあるなど、1本の枝がいくつかの悪い要因を兼ねることも多くあります。また、不要枝はあくまでも通常は切り落としたほうがよいだけであって、それがないとスペースに穴があいてしまう場合などは切る必要はありません。

不要枝を切り落とす場合は、その枝のつけ根から切り落とすのが基本。全体的な枝の配分を見ながら、バランスよく樹形を整えていくことを心がけましょう。

いろいろな不要な枝

多くの場合、樹種に関わらず、交差枝や内向枝などが剪定の対象になる。全体のバランスを見ながら、樹形を整えよう

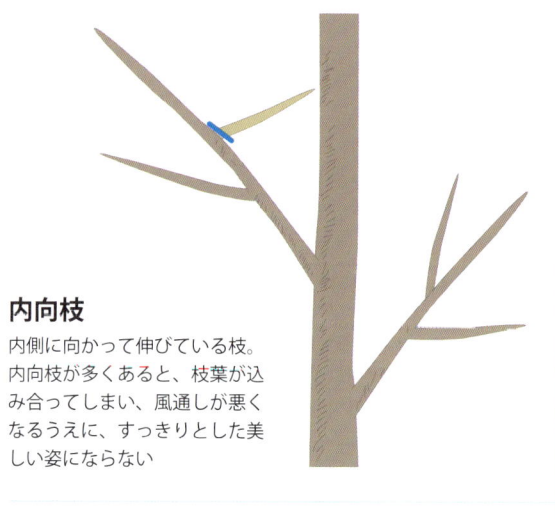

内向枝
内側に向かって伸びている枝。内向枝が多くあると、枝葉が込み合ってしまい、風通しが悪くなるうえに、すっきりとした美しい姿にならない

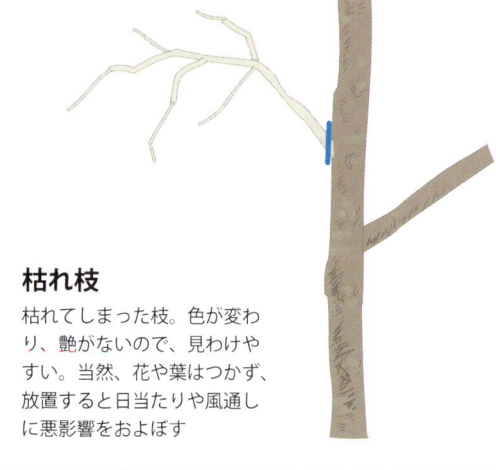

枯れ枝
枯れてしまった枝。色が変わり、艶がないので、見わけやすい。当然、花や葉はつかず、放置すると日当たりや風通しに悪影響をおよぼす

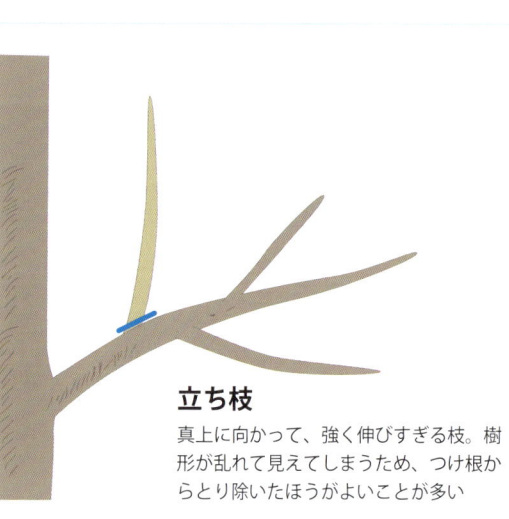

立ち枝
真上に向かって、強く伸びすぎる枝。樹形が乱れて見えてしまうため、つけ根からとり除いたほうがよいことが多い

交差枝
交差した枝。絡み枝ともいう。枝の流れが悪く見えてしまう。絡み合うどちらかの枝を、つけ根からとり除くのが基本

不要な枝の種類　剪定の基本

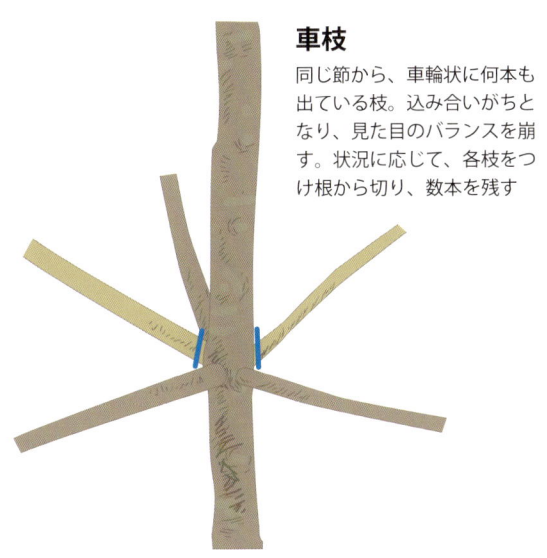

車枝
同じ節から、車輪状に何本も出ている枝。込み合いがちとなり、見た目のバランスを崩す。状況に応じて、各枝をつけ根から切り、数本を残す

平行枝
近い位置で、平行して出ている枝。枝葉が必要以上に込み合ってしまう原因となりがち。バランスに応じて1～2本を残し、つけ根から切るのが基本

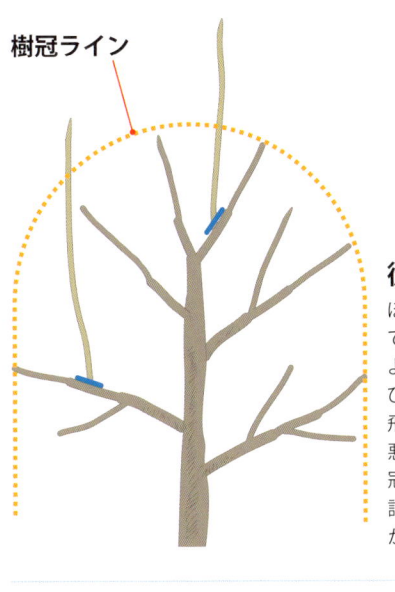

樹冠ライン

徒長枝
ほかの枝にくらべて明らかに勢いがよく、太く長く伸びる枝。樹冠から飛び出し、樹形を悪くするので、樹冠より深めに切り詰めるか、つけ根からとり除く

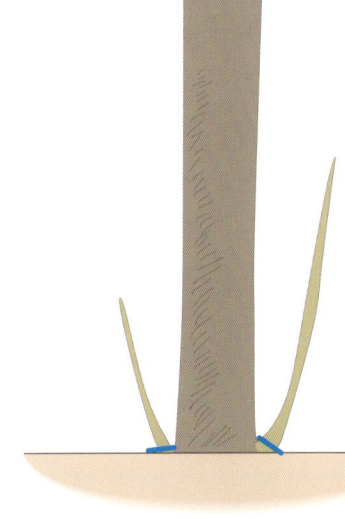

ひこばえ
根元付近から生える若い枝。株立ちなどに生かす場合は残すが、込み合う原因になり、根元付近がスッキリ見えないので、不要であればつけ根から切り落とす

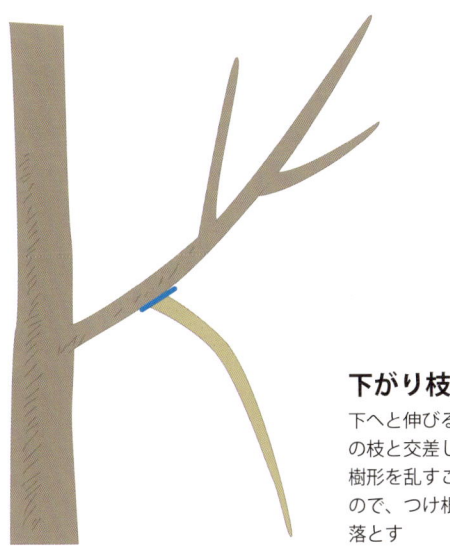

下がり枝
下へと伸びる枝。下段の枝と交差しやすく、樹形を乱すことになるので、つけ根から切り落とす

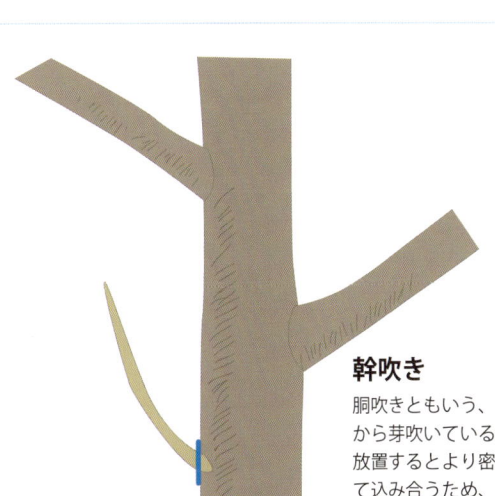

幹吹き
胴吹きともいう、主幹から芽吹いている小枝。放置するとより密生して込み合うため、枝を更新したい場合以外は、早めにつけ根から切り落とす

❶基本の剪定
枝の切り方

形を整える剪定では外芽を残して節上で切る

　剪定では、切り落とす部分が長く、つけ根に近い部分で切ることを「強めに切る（強剪定）」、反対に切り落とす部分が短く、先端に近い部分で切ることを「弱めに切る（弱剪定）」といいます。

　不要枝を切る場合は、一般的にはその枝のつけ根から切りますが、形を整えるために枝を整理する場合は、強めに切るか、弱めに切るかを状況や目的によって決めることになります。その際、重要なのは芽の位置を考慮することです。

　芽には内芽と外芽があり、基本的には外芽のすぐ上で切ります。これを節止めといいます。ただし、あまりにも芽に近い位置で切ると、その芽が枯れてしまうこともあるので注意が必要です。なお、枝に対する刃の角度は、いろいろな考え方があるものの、通常は枝の向きに対して垂直にハサミを入れます。

不要枝の切り方

立ち枝や交差枝などの樹形を乱す枝を切り落とす場合は、その枝のつけ根から切る

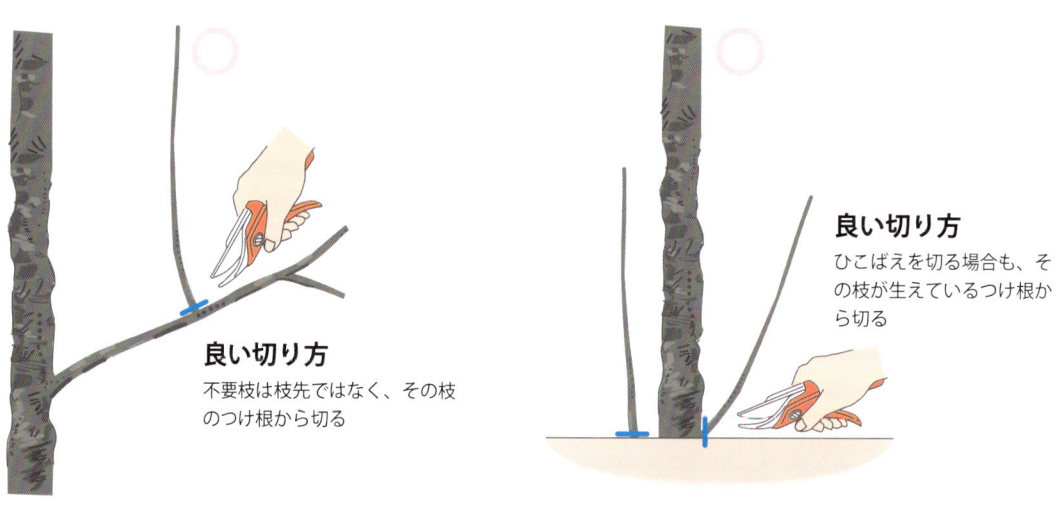

良い切り方
ひこばえを切る場合も、その枝が生えているつけ根から切る

良い切り方
不要枝は枝先ではなく、その枝のつけ根から切る

悪い切り方
不要枝を途中で切ると、樹形を整えるという本来の目的を達成できないのはもちろんのこと、左のイラストのように残した枝の先端から芽が出て枝が生える。さらに込み合うためにやはりつけ根から切るのが基本だが、その空間に枝を生やしたい場合は、その性質を利用して枝の途中で切るというテクニックもある

枝
の
切
り
方

剪定の基本

芽の種類を見て切る

剪定を行う際には内芽と外芽を意識して、できるだけ外芽を残すように心がける

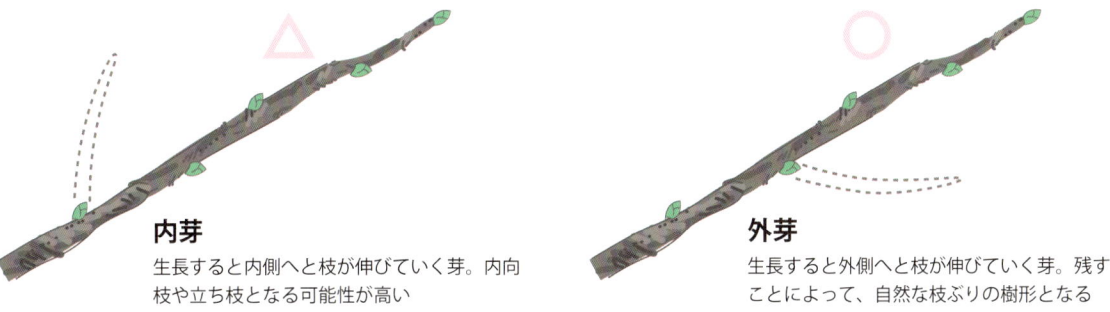

内芽
生長すると内側へと枝が伸びていく芽。内向枝や立ち枝となる可能性が高い

外芽
生長すると外側へと枝が伸びていく芽。残すことによって、自然な枝ぶりの樹形となる

形を整える枝の切り方

形を整えるために枝を切る場合は節に気をつけ、
外芽や枝わかれしているところのすぐ上で切る

枝わかれしていところ
枝わかれしているところは、そのすぐ上で切ると剪定後も自然な仕上がりになる

芽がついているところ
内芽の上で切ると樹形が乱れがちになるため、外芽の上で切るのが基本。カット面が芽の高さと同じかやや高くなるように（おおよそ5〜10mm程度）、枝に対して直角に切る

込み合った枝の透かし方

立ち枝などの代表的な不要枝（→P.12）でなくても、枝数が増えすぎて込み合うと、樹形が乱れるだけでなく、病害虫の原因にもなる。そのため、込み合った枝は間引くことが必要になる。枝数を減らす際には、樹木の枝のつき方によって、切る枝を考えるとよい

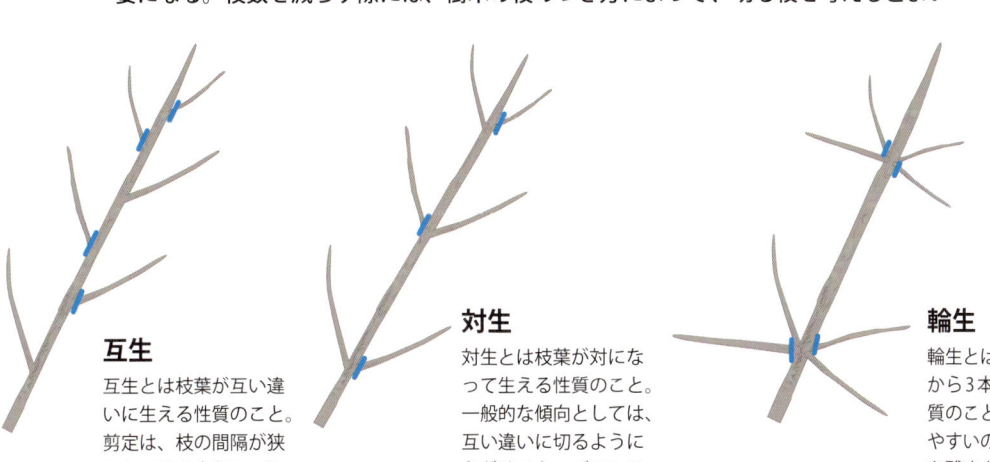

互生
互生とは枝葉が互い違いに生える性質のこと。剪定は、枝の間隔が狭いところを中心に、込み合った部分を切る

対生
対生とは枝葉が対になって生える性質のこと。一般的な傾向としては、互い違いに切るように心がけると、バランスよく仕上がる

輪生
輪生とは枝葉が1カ所から3本以上生える性質のこと。枝が重なりやすいので、2〜3本を残すように間引くとよい

❶ 基本の剪定
必要な道具

枝を切るための道具は手になじむものを選ぶ

適切な剪定には、専用の道具を使う必要があります。とはいえ、基本の剪定で使う道具はそれほど多くありません。庭の状況や植えられている樹木によって異なりますが、まず揃えたいのが、剪定バサミ、木バサミ、ノコギリといった、枝を切るための道具です。

剪定バサミなどの枝を切るための道具を購入する際のポイントは、自分の手になじむものを選ぶこと。実際に握ってみて、自分の手になじむかどうか確かめるとよいでしょう。

また、道具を入手したら、手入れをしっかりと行いたいもの。使用後は、刃に付着した樹液などの汚れはていねいに拭き取るようにしましょう。ハサミ類については、回転する軸の部分にときどき油をさし、なめらかに動くようにしておくと、ストレスなく剪定を行うことができます。

基本の剪定に必要な道具

もっともベーシックなのが剪定バサミと木バサミ。購入時には自分の手になじむものを選ぶように

ノコギリ
剪定バサミでは切れないような太い枝に使用する。木工用のものではなく、扱いやすく、切り口がきれいな剪定用のものを使うこと。刃の長さは30cmぐらいのものが一般的

木バサミ
剪定バサミでは切りにくい細い枝を切るときに使う。指を入れる部分である「蕨手（わらびで）」が大きく湾曲しているのは、枝を切る際、周囲の枝を柄で挟んで傷めないようにするため

剪定バサミ
剪定でもっともよく使われるハサミ。種類にもよるが、直径2cmくらいまでの枝を切ることができる。いろいろな大きさのものがあるので、自分の手に合うものを選びたい

麻ヒモ・シュロ縄
幹や枝を誘引したり、剪定時にジャマな枝を一時的に縛るためなどに使用する

電動ノコギリ
通常の剪定用のノコギリと同じような目的のために使用するが電動のため、それほど力を必要としない。女性におすすめの道具

高枝切りバサミ
手が届かない、高い位置にある枝を切るのに使用する。ハサミでは使用できないような、太い枝用にノコギリが付属しているものも市販されている

脚立
高いところの枝を切る際に使う。安全を保つため、いちばん上の段には足をかけない

手袋
手をトゲなどから守る。できれば園芸用のものを選ぶこと

❶基本の剪定
道具の使い方

太枝を切るときには下から切り込みを入れる

剪定バサミや木バサミは、剪定用の道具ですが、持ち方や使い方についてはとくに特別なことを意識する必要はありません。力まずに握り、紙を切るハサミのように自然に使えばOKです。どちらのハサミも通常は刃の先端付近で切るようにしますが、太めの枝を切る場合は刃の付け根に近い位置で切ったほうが切りやすくなります。

剪定バサミでは切れないような太い枝には、ノコギリを使います。ノコギリは手前に引くときに切るようにできているため、押すときは軽く浮かせるようにします。

また、太めの枝を切るためにノコギリを使用する際には、まずは下側から切れ込みを入れたあとに、上側から切り落とすようにします。これをしないで上から切っている途中で枝の重みによって切りはじめると、枝の重みによって樹皮が裂けてしまうことがあります。

ハサミの使い方

太めの枝は根元に近い位置で切ると切りやすくなる。また、剪定バサミは受け刃で枝を固定して切るのが基本

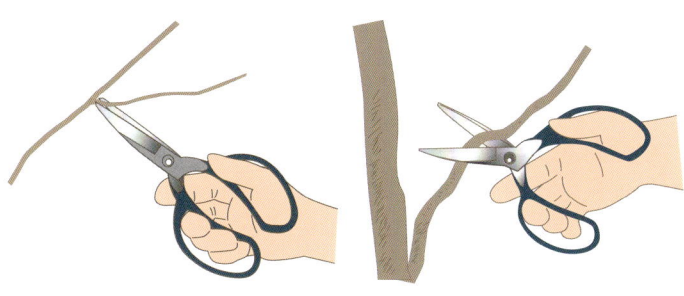

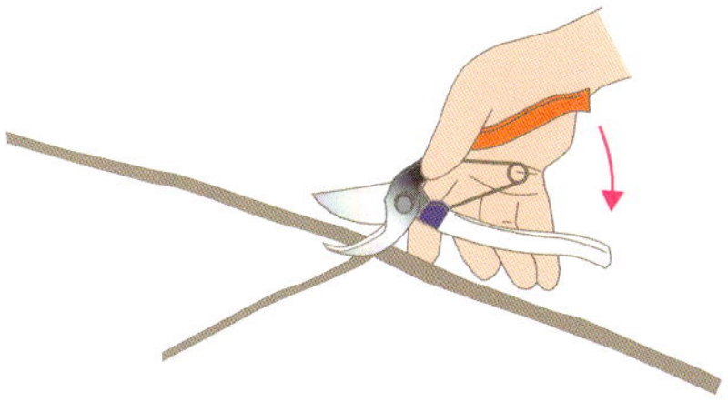

枝の太さと切る位置
通常は刃先に近い位置で切る（イラスト左）が、太めの枝は根元に近い位置（イラスト右）で切るようにすると、それほど力を必要としなくなる。イラストは木バサミだが、剪定バサミにも同じことがいえる

剪定バサミの使い方
切りたい位置で正確に切るため、細いほうの受け刃で枝を固定して、切り刃を押し下げるのが基本の使い方

ノコギリの使い方

力まずに握り、手前に引くときに切るようする。また、太い枝は下から切り込みを入れてから切る

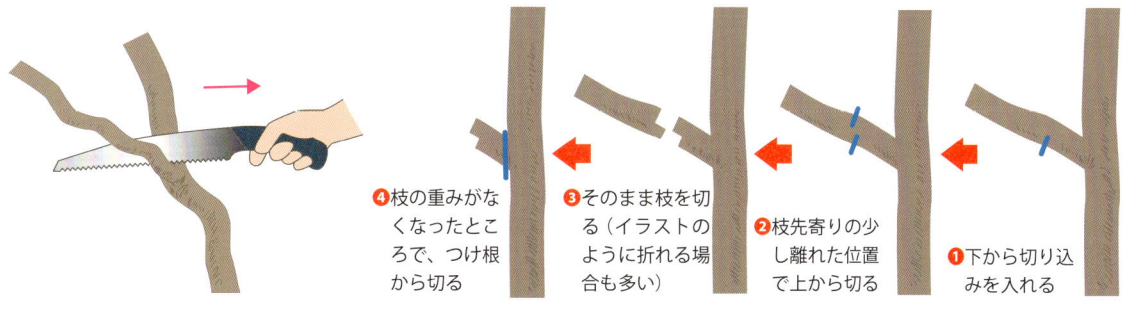

通常の使い方
押すときには軽く浮かせて、手前に引くときに切るようにする

太めの枝を切る場合
太めの枝の場合、上から切りはじめると、枝の重みによって主幹の樹皮や枝が裂けてしまう可能性があるため、まずは下から切れ込みを入れて、次に上から切り落とす

❹枝の重みがなくなったところで、つけ根から切る
❸そのまま枝を切る（イラストのように折れる場合も多い）
❷枝先寄りの少し離れた位置で上から切る
❶下から切り込みを入れる

❷刈り込み剪定

刈り込みバサミは一方の刃を固定して使う

刈り込み剪定とは、枝を1本1本切るのではなく、刈り込みバサミを用いて、一度に多くの枝を切る剪定方法です。樹種としてはイヌツゲやカナメモチのように枝葉が細かいもの、仕立てとしては生垣などでよく行われます。

刈り込みバサミは剪定ならではの道具であり、使い方にいくつかのポイントがあります。そのひとつがハサミを持つ位置で、重心を考え、ハサミ側と柄側の前後の重さのバランスが同じぐらいの位置で持ちます。また、刃の動かし方では、どちらか一方を固定し、もう片方を動かすようにします。慣れないうちは、きれいな平面に仕上げることはなかなか難しいので、初心者はある程度切ったら少し離れた位置から見て、全体的なバランスを考慮しながら、凹凸のある部分を整えていくようにするとよいでしょう。

刈り込み剪定の仕方

刈り込み剪定は生垣などでよく行われる。刈り面がきれいな平面になることを目指し、必要に応じて二度刈り、三度刈りをしてきっちりと仕上げよう

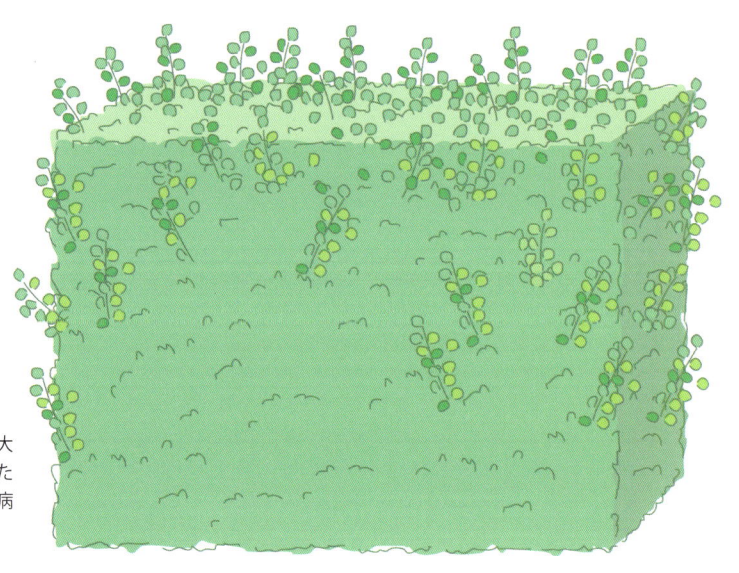

剪定前
樹形が乱れて、境界を越えて大きくなるだけでなく、密集した枝葉は枯れ葉をつくったり、病虫害の原因にもなる

剪定後
大きさや形が、状況に応じたものになった。一度刈り終わったら、少し離れた位置から全体を見て、二度刈り、三度刈りしたり、切り口が目立つところ（太枝）を木バサミで整理すると、よりきれいに仕上がる

刈り込みバサミの持ち方

大きく重い道具なので、疲れにくくするために重心を考えて持つ

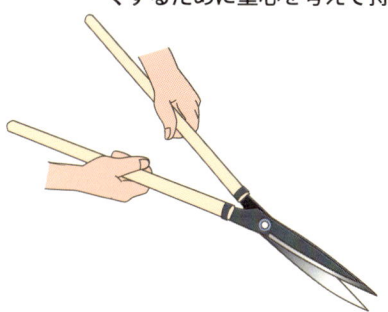

持つ位置
より疲れにくくするために、切る前に重心を確認する。ハサミ側と柄側の前後の重さのバランスが同じぐらいがベスト

使う道具

刈り込み剪定では、刈り込みバサミという専用の道具を使う

刈り込みバサミ
さまざまな大きさのものがあるので、状況に応じたものを選ぶ

刃の向き

剪定バサミは柄に対してハサミが反っていて、両面が使える。
切る位置に応じて、反りの向きを決めると使いやすい

切る位置が腰より低い
刃が自分に向かって反るように持って切る

切る位置が腰より高い
刃が地面に向かって反るように持って切る

切る位置が腰と同じ
刃が自分に向かって反るように持ったほうが切りやすい。また、切った枝葉が飛んでいく方向を考え、刃を閉じたときに上になる刃が、地面に対して上になるように持つとよい

剪定前の準備

刈り込みバサミを使う前に、大きくはみ出ているような太い枝があれば、剪定バサミなどで整理しておく。また、きれいに水平垂直に整える自信がなければ、水糸（目安となる糸）をはっておくという方法もある。

はみ出した太枝
作業をよりスムーズに行うため、前もって太枝は切っておく。樹冠ラインより内側で切るのがポイント

刃の動かし方

正確に切るために、一方を固定して、もう一方だけを動かすようにする。

刃の動かし方のコツ
一方を固定して、もう一方だけを動かすようにする。右利きの場合は、左手で持っている刃を固定して、右手で持っている刃を動かすようにすると切りやすい

花芽のつき方と花木の剪定

花芽ができる時期と位置を知りできるだけ残す

花木(アジサイやウメ、モクレンのようにおもに花を鑑賞するための樹木)の剪定の目的は、多くの場合、より充実した花つきを保つことになります。また、カキやキウイのように果樹の実を収穫したいという場合も、まずは花を咲かせないと実をならすことができません。

やがて花となる花芽ができる時期と位置には、樹種による違いがあり、代表的なものとして6つのタイプが挙げられます。花木や果樹の剪定では、それらを知ることも剪定のポイントになります。たとえば、ボケのように長く伸びた枝には花芽がつきにくい場合は、長めの枝を切り詰めて、残した部分に元気のよい短枝がつきやすいようにうながします。そのほかのタイプについてもできるだけ花芽を残すように意識しましょう。

花芽のつき方

大きくわけて6タイプがある。より多くの花を楽しみたければ、その樹木のタイプに合った剪定を心がけること

❷ 新梢の葉のつけ根につく

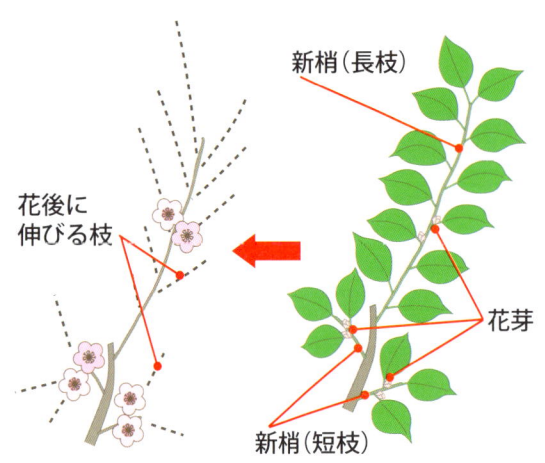

花芽が今年伸びた新梢の各葉腋(葉のつけ根)につき、翌年の春に開花するタイプ。長く伸びた枝よりも、短めの充実した枝の葉腋につきやすいが、ハナモモやコデマリ、ユキヤナギなどは長い枝にもよく花芽をつける。

樹種 ウメ、コデマリ、トサミズキ、ハナズオウ、モクセイ、モモ、ユキヤナギなど

剪定の仕方 枝全体を切らない限り、すべての花芽を切りとってしまうことはない。ウメなどでは長枝は花芽がつきにくいため1/3程度残して切ると、翌年には残した枝から新しい短枝ができ、葉腋に花芽をつける

❶ 短めの新梢の先端につく

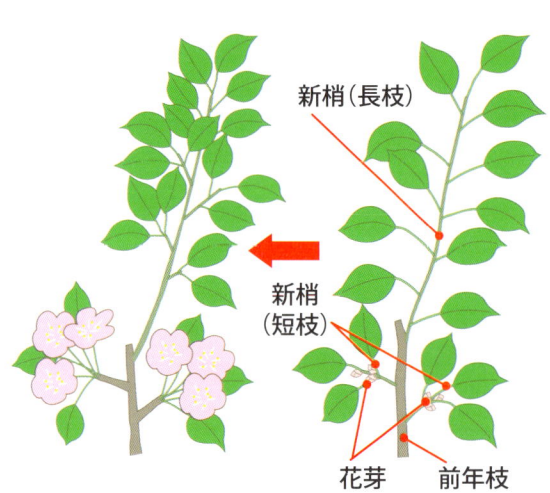

花芽が今年伸びた短めの新梢の先端付近につき、翌年の春に開花するタイプ。長く伸びた枝には花芽はつきにくい一方、一度できた短枝には3年くらい続けて花芽をつける。

樹種 カリン、ピラカンサ、フジ、ボケ、ミカンなど

剪定の仕方 長く伸びた枝には花芽がつきにくいので、冬に1/3程度残して切りとり、残した部分に元気のよい短枝ができるようにうながす

❹新梢にできた芽から、さらに翌年、枝が伸び、その枝の葉のつけ根につく

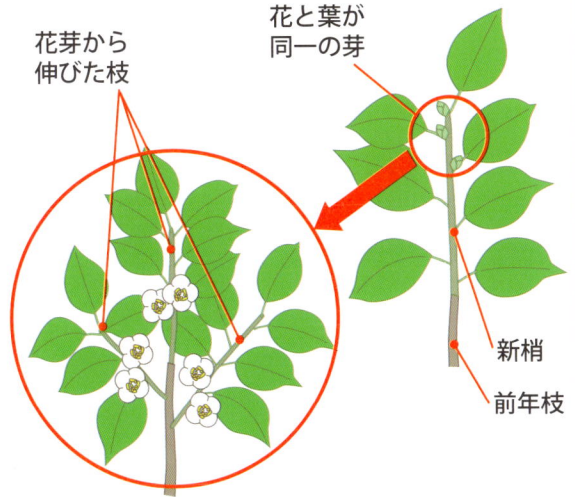

今年伸びた新梢の先端付近に芽がつき、翌年、この芽からさらに長い新梢を伸ばして、その新梢の葉腋に花が咲く。

樹種 カキ、クリ、ナナカマドなど
剪定の仕方 翌年に花を咲かす枝となるような芽は、極端に長い枝や短い枝にはつきにくい。また、夏以降に枝を切ることは、花芽を失うことにつながるので要注意

❸新梢の先端付近につく

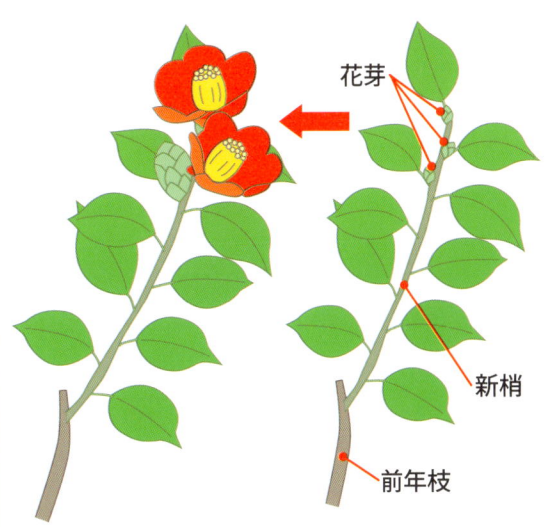

花芽が今年伸びた新梢の先端付近につき、翌年の春に開花するタイプ。

樹種 アオキ、サザンカ、ツツジ、ツバキ、モクレン、ライラックなど
剪定の仕方 夏以降に枝先を切り落とすと、花芽を切りとってしまうことになるので、できるだけ花後すぐに行うのがよい

❻新梢の先端付近につき、その年中に咲く

どの部分から伸びた枝でも元気のよい枝であればその先に花芽をつけ、冬を越えることなく、その年中に開花する。

樹種 サルスベリ、バラ、ムクゲ
剪定の仕方 どこで切っても新梢の先端付近に花をつけるので、花芽を意識することなく、適期であれば比較的自由に剪定することができる

❺新梢にできた芽から、さらに翌年枝が伸び、その枝の先端付近に花が咲く

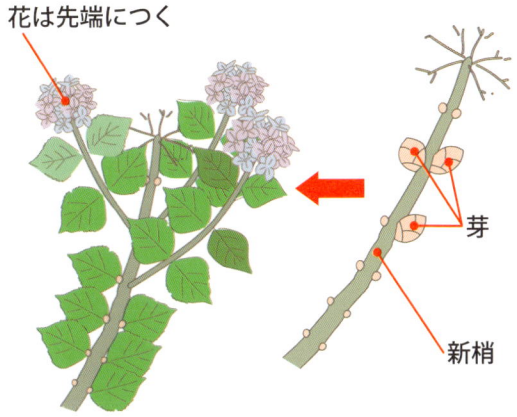

今年伸びた新梢の先端付近に芽がつき、翌年、この芽からさらに新梢を伸ばし、その先端付近に花をつける。

樹種 アジサイ、スモークツリー、ボタンなど
剪定の仕方 花のことだけを考えるならば、剪定時期は花後すぐが望ましい。また、葉芽と花芽が比較的区別しやすい（花芽はやや丸みを帯びており、葉芽は少し尖っている）ので、冬期であっても失敗は少ない

ケーススタディ ここが知りたい！Q&A

株立ちならではの剪定は？

Q 株立ちのアラカシを植えているのですが、一本立ちとは違う、株立ちならではの剪定のコツを教えてください。

A 一般的には、株立ちも一本立ちも剪定の考え方は同じです。内向枝や立ち枝などの不要枝（→P.12）を整理して、形を整えることが基本になります。ただし、株立ちの場合は、立ち数が多いようであれば、根元から切って立ち数を整理するという方法があります。

また、枝数については、内側の枝をかなり少なくしてしまっても構いません。その理由は、内側の枝は主幹と交差して、枝が込み合う原因となるから。枝が込み合うと、日当たりや風通しが悪くなり、やがては枯れ枝となってしまいます。穴があいてしまわないようにスペースを意識しながら、好みに応じて内側の枝を整理するとよいでしょう。

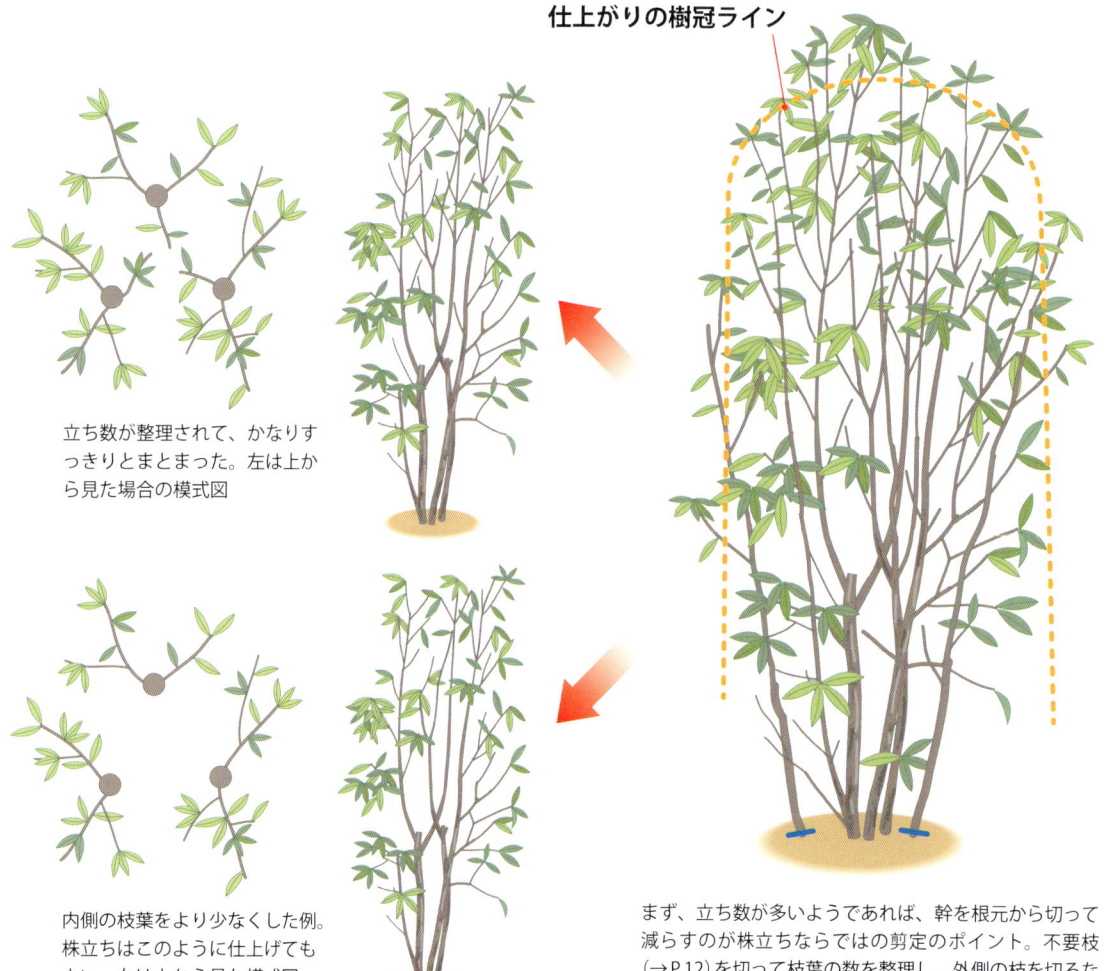

仕上がりの樹冠ライン

立ち数が整理されて、かなりすっきりとまとまった。左は上から見た場合の模式図

内側の枝葉をより少なくした例。株立ちはこのように仕上げてもよい。左は上から見た模式図

まず、立ち数が多いようであれば、幹を根元から切って減らすのが株立ちならではの剪定のポイント。不要枝（→P.12）を切って枝葉の数を整理し、外側の枝を切るなどして形や大きさを整えるのは1本立ちと同じ

ポイント
- 株全体をすっきりとさせるために、形の悪い幹などを中心に切って立ち数を減らしてもよい
- 内部の日当たりや風通しをよくするために株の内側の枝を大胆に整理してもよい

ケーススタディ　ここが知りたい！Q&A

長年放任した場合のリカバリーの方法は？

Q 庭のシマトネリコを植えてから5年ぐらい経ちました。まったく手入れしていなかったので、大きくなってしまい、どこから手をつけてよいかわからないのですが……

A 長年放任してしまった場合の手順としては、まず状況や好みに応じて剪定したあとの大きさを決めることがポイントです。そして、大きさを決めたら、将来的な枝の伸びる方向や大きさを考慮しつつ主幹や太い枝を切っていき、その次に不要枝などを切り落としながら形を整えていきましょう。

また、シマトネリコは丈夫な樹木であり、時期さえ間違えなければ（適期は3～4月）、強めの剪定にも耐えられるので、各枝を2～3節だけ残して切り、骨格を作りなおすという方法もあります。その場合は、1～2カ月経って枝が伸びてきたら、その枝を整理します。これを数年に渡り繰り返すことによって、理想の樹形へと近づけることができます。

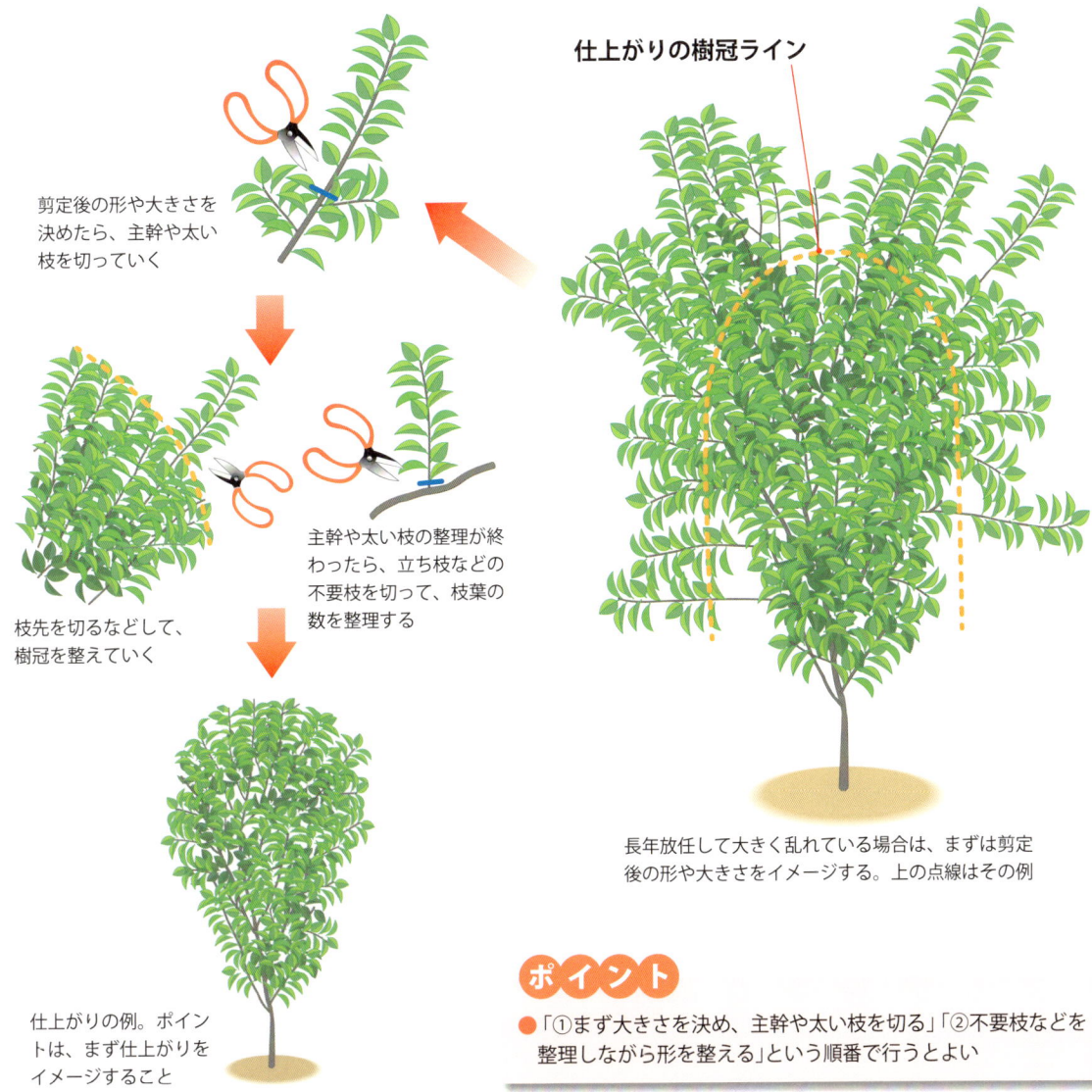

剪定後の形や大きさを決めたら、主幹や太い枝を切っていく

主幹や太い枝の整理が終わったら、立ち枝などの不要枝を切って、枝葉の数を整理する

枝先を切るなどして、樹冠を整えていく

仕上がりの例。ポイントは、まず仕上がりをイメージすること

仕上がりの樹冠ライン

長年放任して大きく乱れている場合は、まずは剪定後の形や大きさをイメージする。上の点線はその例

ポイント
- 「①まず大きさを決め、主幹や太い枝を切る」「②不要枝などを整理しながら形を整える」という順番で行うとよい

ケーススタディ　ここが知りたい！Q&A

樹木の大きさの決め方は？

Q カキが大きくなりすぎたので、切ろうと思っています。大きさを決める場合に、何か基準になるものはありますか？

A 大きさを決める場合には、まずその樹木が与えられたスペースを考えましょう。道や隣家などの自分の敷地の外にはみ出すのはもちろんNGで、樹木同士で枝葉が重なりあうのも好ましい状況ではありません。そして、剪定する際には、そのスペース内で余裕のある大きさにまとめるのが基本になります。ぎりぎりの大きさでは生長したらすぐにはみ出してしまいますし、庭のレイアウトの面でも余裕があると足元に草木を植えたりと柔軟に対応できます。なお、高さは、より緑を多くするといった環境面や本来の性質を損なわないことを考えると、できるだけ高くしたいものですが、カキなどの果樹の場合、あまり高いと実を収穫しづらくなることも考慮しなければなりません。

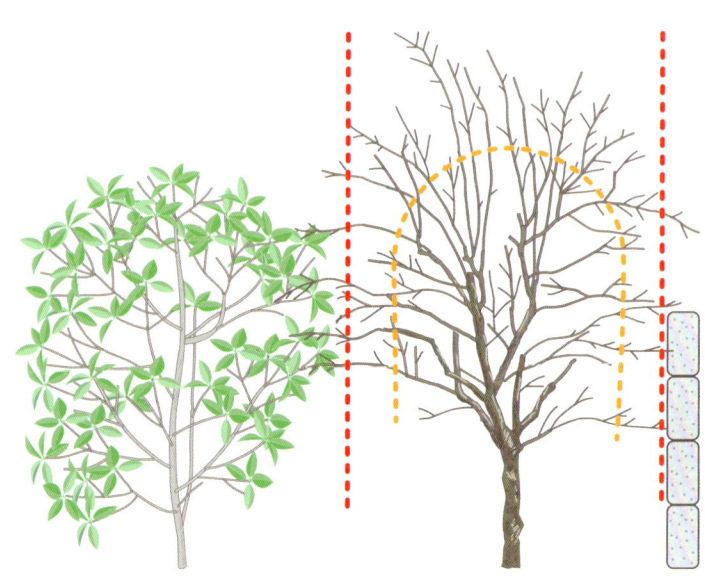

大きさを決める際には、その樹木が与えられたスペース（上のイラストの赤色の線）を考え、そのスペース内で余裕のある大きさ（上のイラストのオレンジの点線）にまとめるようにする

生垣の刈り込み剪定のコツは？

Q 生垣をきれいに仕上げるためのポイントを教えてください。

A 好みにもよりますが、生垣は横から見て長方形になっているものがきれいな仕上がりといえるでしょう。ところが実際に刈り込み剪定をしてみるとなかなかうまくできないもので、とくに手が届きにくい高い位置（側面の上部と上辺）が直線にならずに曲がってしまいがちです。そうならないためのポイントは、深めに刈り込んでしまいがちな側面の上部は手前に向かって反らせるように、中央が高くなりがちな上辺はV字型に切るような意識で臨むことです。それが、結果として直線的に美しく仕上げることへとつながります。

側面の上部は手前に向かって反るような意識（上のイラストの黄色のゾーン）で、中央が高くなりがちな上辺はV字型（上のイラストの青のゾーン）に切るような意識で臨む

枝垂れ性樹木ならではの剪定は？

Q 毎年、庭の枝垂れザクラが咲くのを楽しみにしています。少し樹形が乱れてきたので整えたいのですが、枝垂れ性樹木ならではの注意点はありますか？

A 枝垂れ性であっても、内向枝や立ち枝などの不要枝（→P.12）を整理して、形を整えるという剪定の手順は変わりません。ただし、芽の残し方に注意が必要です。基本的に剪定では外芽を残します。外芽とは外側へと伸びていく芽のことですが、多くの樹木の場合、それは枝の下側についています。一方、枝垂れ性の樹木では、枝が下へと垂れていくため、枝の上側についている芽が外芽となり、それを残していくことになります。なお、枝垂れ性の樹木は、樹自身の力で高さをつくることが難しいため、高く仕立てたい場合は支柱を使ったほうがよいでしょう。

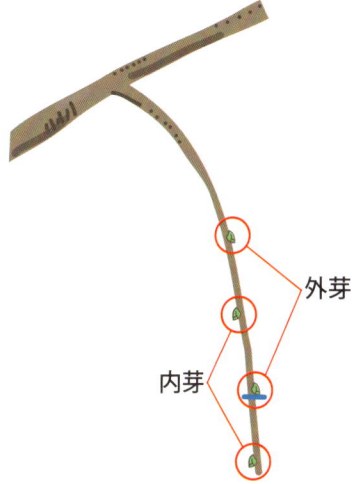

枝垂れ性の剪定では、枝の上側に付いている芽が外芽になる

樹形の矯正

Q 現在の枝ぶりが、あまり美しくありません。剪定は枝を切ることですが、逆に枝がない場合はどうすればよいでしょうか？

A 美しい樹形に仕上げるためには、全体のバランスのよさがキーワード。枝葉の込み具合が均一になるのが理想ですが、もともとスペースがあいてしまっていることなどもよくあります。その解決方法として、よく行われるのが主幹や枝を、シュロ縄などを利用して誘引し、理想の形へと生長させる方法です。矯正している最中の人工的なものが目立って見苦しいと感じるようであれば、切った木を活用して固定するという方法もあります。

株立ちなどでは、切った枝を利用して幹同士の間隔を広げられる。このまま放任すると、そのような樹形に矯正される

理想的な樹形にするポイント

Q 昨年、自分で剪定してみたのですが、どうも思ったように生長しませんでした。今年も挑戦しようと思うのですが、どのような点に注意すればよいのでしょうか？

A 剪定の大きなポイントのひとつは、生長したあとのイメージを持って行うことです。たとえば幹吹き（→P.12）は、基本的には剪定の対象になりますが、それが生長することによって、うまくスペースを埋めることになるのであれば、残したほうがよいといえるでしょう。剪定する時点での美しさはもちろんのこと、1年後、2年後のことまで考えて、枝を切るようにしましょう。

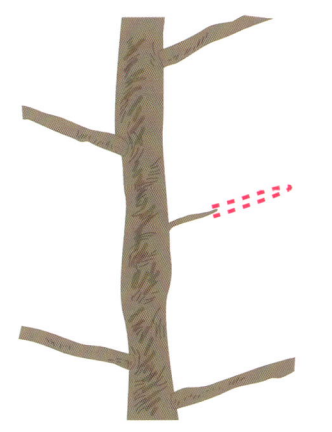

幹吹きは基本的には剪定の対象になるが、そのスペースに枝がほしい場合は残す

ケーススタディ　ここが知りたい！Q&A

落葉低木の株の更新

Q 庭のユキヤナギが大きくなりすぎました。小さくまとめたいのですが、枝が細すぎてどこを切ってよいかわかりません。

A ユキヤナギやヤマブキ、アジサイといった落葉低木は、主幹と枝がはっきりとわかれているほかの樹木にくらべて枝が細く、どこを切ってよいか迷いがちです。とはいえ、実際のところは難しく考える必要はなく、好みの大きさに合わせてザックリと切ってしまっても構いません。また、はじめから樹形をつくり直したい場合などには、株元（地際）で切るという方法もあります。時期さえ気をつければ、それによって樹が死んでしまうことはなく、また株が生えてきます。

小さくまとめたい場合は、イラストの赤色の線のような位置でざっくり切ってもよい。より小さくまとめたい場合などは、イラストの黄色の線のように株元で切り、株を更新するという方法もある。その際に立ち数も整理しておくとよい

コブを作らない剪定

Q 今度サルスベリを植えようと思っていますが、公園のサルスベリを見ると、コブが気になってしまいます。コブをつくらないためにはどうすればよいのでしょうか？

A 樹木のコブとは、文字通りある一部分だけがコブのように太くなってしまうこと。サルスベリなどによく見られる現象です。さて、そのコブができる原因ですが、これは毎年同じ位置で剪定することによってできます。ですので、毎年同じ位置で切らなければ、コブを防ぐことができます。

大きさを一定に維持したい場合は、少しずつ切る位置を変えていきましょう。反対にコブを楽しみたい場合は、毎年同じ位置で剪定すればよいというわけです。

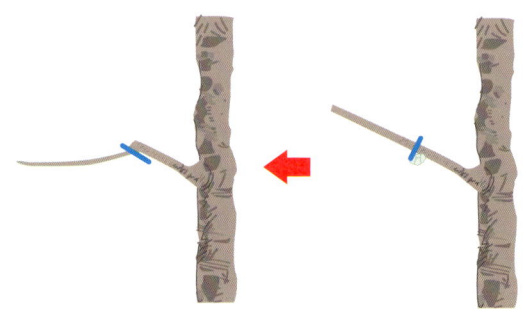

コブをつくらないためには、毎年切る位置を変える。たとえば右のイラストのように切ったら、翌年は左のイラストのように切ると、コブをつくらずに大きさも維持できる

専門家に任せる剪定は？

Q 自分で切ってしまうと、枯れてしまうのではないかと心配です。専門家に任せたほうがよいのでしょうか？

A 樹木は丈夫なものであり、枝を切ることによって、樹全体が枯れてしまうことは多くはありません。ですので、専門家でないとできない樹木はほとんどないと考えてよいでしょう。ただし、対象の樹木が大きすぎて脚立などの道具が必要であったり、剪定するための時間がとれない場合などは、専門家に任せたほうがよいケースとして挙げられます。

剪定の時期と頻度

Q なかなか剪定の時間をとることができません。必要最低限で考えた場合、どれぐらいの頻度で、いつ行えば大丈夫でしょうか？

A 樹種や環境にもよりますが、必要最低限ということで考えるならば、基本的には年1回で大丈夫です。時期は、落葉樹の場合、樹形をつくりなおしたければ落葉期、花木できれいに形を整えたい程度であれば花後が最適期となります。また、常緑樹は早春〜初夏（2〜6月ごろ）に行うとよいでしょう。

強風で主幹が折れた場合の対処

Q 先日台風が通過して、庭のギンヨウアカシアの主幹が折れてしまいました。この樹はダメになってしまうでしょうか？

A ギンヨウアカシアに限らず、主幹が折れてしまっても樹木自体が死んでしまうことはあまりありません。ただし、ダメージを受けていることは間違いなく、見栄えのこともあるので、しっかりアフターケアをしましょう。方法としては、ノコギリなどできれいな断面にし、できればそこに市販の癒合剤（切り口を保護して雑菌などの浸入を防ぐ薬）を塗ります。なお、枝わかれしている部分（節）のすぐ上で切ると、自然な仕上がりになります。

先祖がえりへの対処

Q カイヅカイブキに違う色の葉が生えました。どうすればよいのでしょうか？

A カイヅカイブキのような針葉樹、とくに園芸種に見られる現象ですが、強いストレスがかかると、まわりとは違う色や形をした葉が生えてくることがあります。これは先祖がえりといって、品種改良前の枝葉が出てきてしまうものです。先祖がえりは、強めの剪定によって起こることが多いので、防ぎたければ、強剪定をしないことがポイントになります。

生えてきてしまい、それが気になる場合は、その枝をつけ根から切ることがひとつの対処方法となります。また、別のやり方として、ある程度伸ばすと先端から本来のカイヅカイブキの枝葉が生えてくることもあるので、それを活かしつつ、見苦しい先祖がえりの枝葉を切り落としていくという方法もあります。

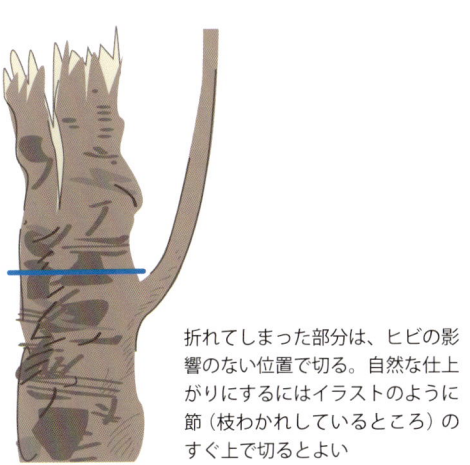

折れてしまった部分は、ヒビの影響のない位置で切る。自然な仕上がりにするにはイラストのように節（枝わかれしているところ）のすぐ上で切るとよい

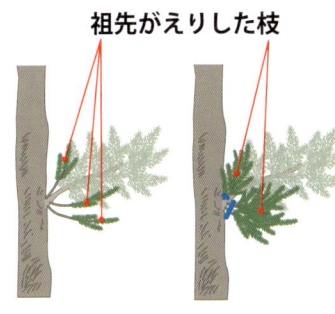

祖先がえりした枝

オーソドックスなのは、右のイラストのように先祖がえりした枝をつけ根から切ること。ただし、先祖がえりした枝の先から従来の枝葉が生えてくることもあるため、左のイラストのように先祖返りした枝を残す対処方法もある

剪定のNGは？

Q 今度、剪定に初挑戦します。絶対にしてはいけないことはありますか？

A 技術的なことよりも、剪定する時期に気をつけたほうがよいかもしれません。たとえばモッコクの場合、理想は春先ですが、夏前に剪定すると、夏に新しい芽が出てきます。すると、新しい芽は柔らかいので、虫がつきやすく、病気にもなりやすくなってしまいます。とくに強く切る場合は、時期を選ぶことが重要になります。

切った枝の処分方法

Q 切り落とした枝は、どのように処分すればよいのでしょうか？

A 通常は、束ねるかゴミ捨て用の袋に入れて、燃えるゴミとして処分します。なお、最近では焚き火は、多くの自治体で禁じられています。いずれにしても、誤った方法で処分するとトラブルの元になってしまうので、少しでも疑問がある場合は、自治体に問い合わせるようにしましょう。

樹木の12カ月サイクル

樹木は基本的に12カ月サイクル 春から夏に生長する

一度切った枝は元には戻りません。そのため、「この枝を切ることによって、樹全体が枯れてしまったらどうしよう……」とお悩みの方もいるかもしれませんが、樹木は丈夫であり、基本的には剪定が原因で枯れて死んでしまうことは多くはありません。とはいえ、生き物ですので、場合によっては不用意な剪定が樹木にダメージを与えるというケースはあり、とくに時期については注意が必要です。

樹木は、12カ月（1年）を通して、一定のサイクルで活動しています。樹種や地域によって異なるものの、基本的には冬には休み、春から夏にかけては生長し、秋には冬に備えて準備をします。剪定に関しては、花や実のことを考えないのであれば、落葉樹は12～2月、常緑樹は2～6月に行うほうが樹木へのダメージが少ないといわれています。

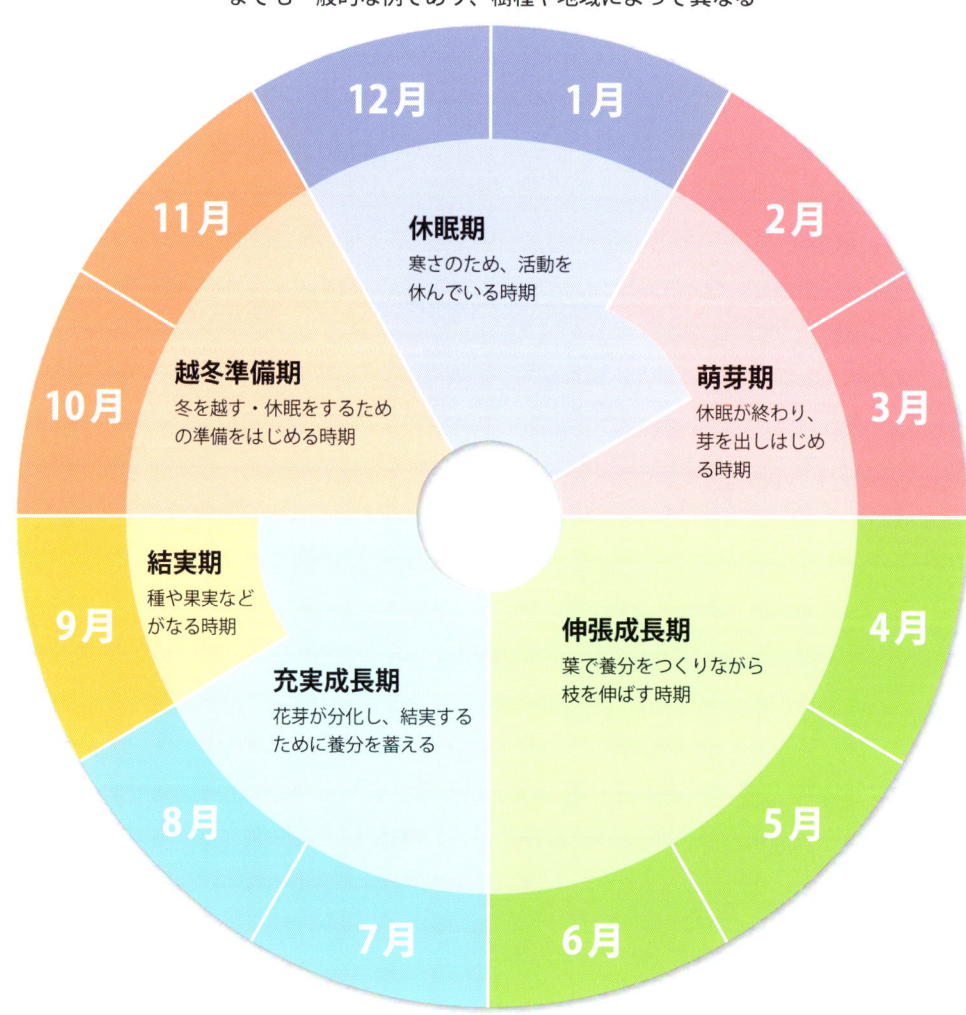

樹木の12カ月サイクル

春から夏にかけて生長し、冬には休む。ただし、あくまでも一般的な例であり、樹種や地域によって異なる

休眠期 寒さのため、活動を休んでいる時期

萌芽期 休眠が終わり、芽を出しはじめる時期

伸張成長期 葉で養分をつくりながら枝を伸ばす時期

充実成長期 花芽が分化し、結実するために養分を蓄える

結実期 種や果実などがなる時期

越冬準備期 冬を越す・休眠をするための準備をはじめる時期

落葉樹の剪定

落葉樹の剪定

落葉樹とは

落葉樹とは、冬に葉を落とす樹木です。庭木として人気が高い樹木には、花を楽しむものとしてウメ、マメザクラ、ハナミズキ、枝ぶりや樹形を楽しむものとして、モミジ、ヒメシャラ、シラカバなどがあります。季節による姿の変化が大きく、鳥や蝶などの昆虫の生き物の来訪も多いため、自宅の庭に自然をもたらしてくれる樹木といえるでしょう。

その樹木の特性を活かす。ハナミズキ（→P.56）は波を打つように仕上げる

生長後の自然な枝ぶりをつくるため外芽を残す。写真はハクモクレン（→P.54）

剪定のポイント

冬に葉が落ちて枝ぶりがよく見えるため、枝をきれいに整えるのが、落葉樹のポイントになります。生長後のことを考えて外芽を残し、樹木の特性を活かした枝ぶりに仕上げましょう。

剪定の時期

基本的に、12～2月の落葉期が、樹にダメージを与えることなく剪定できる時期とされています。その時期には葉が落ちているため、切る際に枝ぶりがわかりやすいというメリットもあります。

ただし、春～初夏に咲く花木については、落葉期に剪定を行うと、すでについている花芽を切ってしまうことになるため、花つきが悪くなってしまいます。

したがって花木については、毎年剪定をしていて、次の花期の花つきを維持したい場合などは花後に、長年放任してしまい樹形が乱れている場合や樹木の骨格をつくりなおしたい場合などは休眠期に行うとよいでしょう。

ただし、樹種によって、適した剪定時期が異なることもあるので、それぞれの樹種については、本書に掲載したカレンダーをご参照ください。

樹形が乱れている場合などは落葉期に、毎年手入れをしているようならば花後に剪定する（写真はいずれもボケ／→P.62）

30

剪定の時期は？

基本的には ➡ 枝ぶりがよくわかる落葉期（12～2月）に行う

花木の場合には
➡ 花つきを維持したい場合は花後すぐに行い、花柄も摘む
➡ 樹形の乱れをなおす場合は基本通り落葉期に行う。ただし、花後の花柄摘みは行いたい

どんな枝を切る？

ステップ1 ➡ 込み合った枝や立ち枝などの不要枝（→P.12）を切る

ステップ2 ➡ 樹冠ラインに合わせて、外側の枝を切るなどして形や大きさを整える

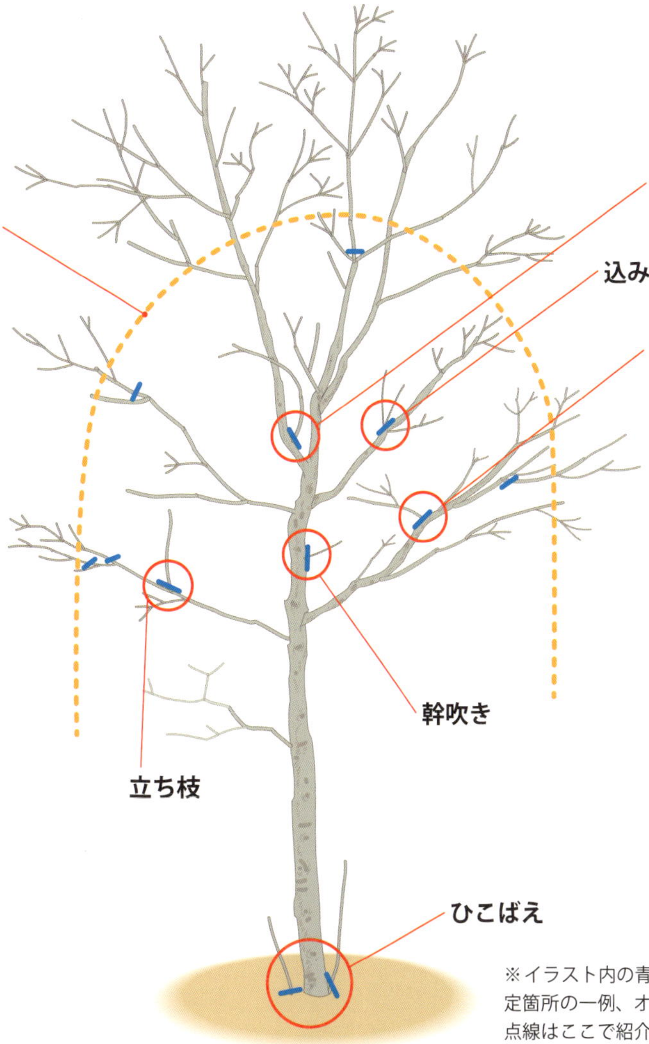

落葉樹の剪定

仕上がりの樹冠ライン
交差枝
込み合った枝
内向枝
幹吹き
立ち枝
ひこばえ

花柄をとる

花木を落葉期に剪定した場合でも、花後の花柄摘みは行いたい。そのままにしておくと樹勢が弱まってしまう。

※イラスト内の青色の線は剪定箇所の一例、オレンジ色の点線はここで紹介している仕上がりの樹冠ライン例

アジサイ

【紫陽花】 ユキノシタ科（アジサイ科）アジサイ属
《別名》シチヘンゲ

とても多くの品種がある梅雨の代名詞

梅雨の時期に花を咲かす代表的な花木。太平洋岸に自生しているガクアジサイが原種で、鎌倉時代から園芸品種として育成されるようになったといわれています。

現在では、西洋に渡って品種改良されたセイヨウアジサイや、対寒力の強いヤマアジサイといった園芸品種があり、とても多くの品種があります。

大きさ	広卵形1〜2m	仕立て方	自然樹形
花 色	白、ピンク、青など	耐陰性	普通
実 色	—	耐寒性	普通

	1	2	3	4	5	6	7	8	9	10	11	12
観賞					■	■	■					
剪定	■	■	■	■							■	■
花芽								■	■			

観賞：■花　剪定：■最適期　■可能期　花芽：■付期

基本の剪定（落葉期）

❶ 不要な枝を切り落とす

込み合った枝や交差枝などの不要枝（→P.12）は切り落とす。根元付近の枝も不要。また、立ち数をある程度限定すると、すっきりとする。古い株は花つきが悪くなるので、整理する場合は、古い株を優先的に根元から切る。

込み合った部分は枝数を減らす

❷ 形を整える

全体のバランスを見ながら、外側の枝や樹冠を乱す枝を切り落として、形や大きさを整える。

枝先を切るなどして形や大きさを整える。節（枝わかれしているところ）のすぐ上で切るのが基本

ワンポイントアドバイス❶

花芽を残す

冬になると、翌年開花する花芽が大きくなり、見分けることができる。落葉期の剪定で、翌年より多くの花を楽しみたければ、できるだけ花芽を多く残すようにする。

花芽（葉芽よりもふくらむ）　葉芽

翌年より多くの花を楽しみたければ、花芽はできるだけ残す

ワンポイントアドバイス❷

咲き終わった花をそのままにしておくと、樹勢が弱くなってしまう。そのため花後には、花柄を摘む。ポイントは、花首から2～3節めの節上で切ること。

花柄はその真下ではなく、花首から2節めの節上で切る

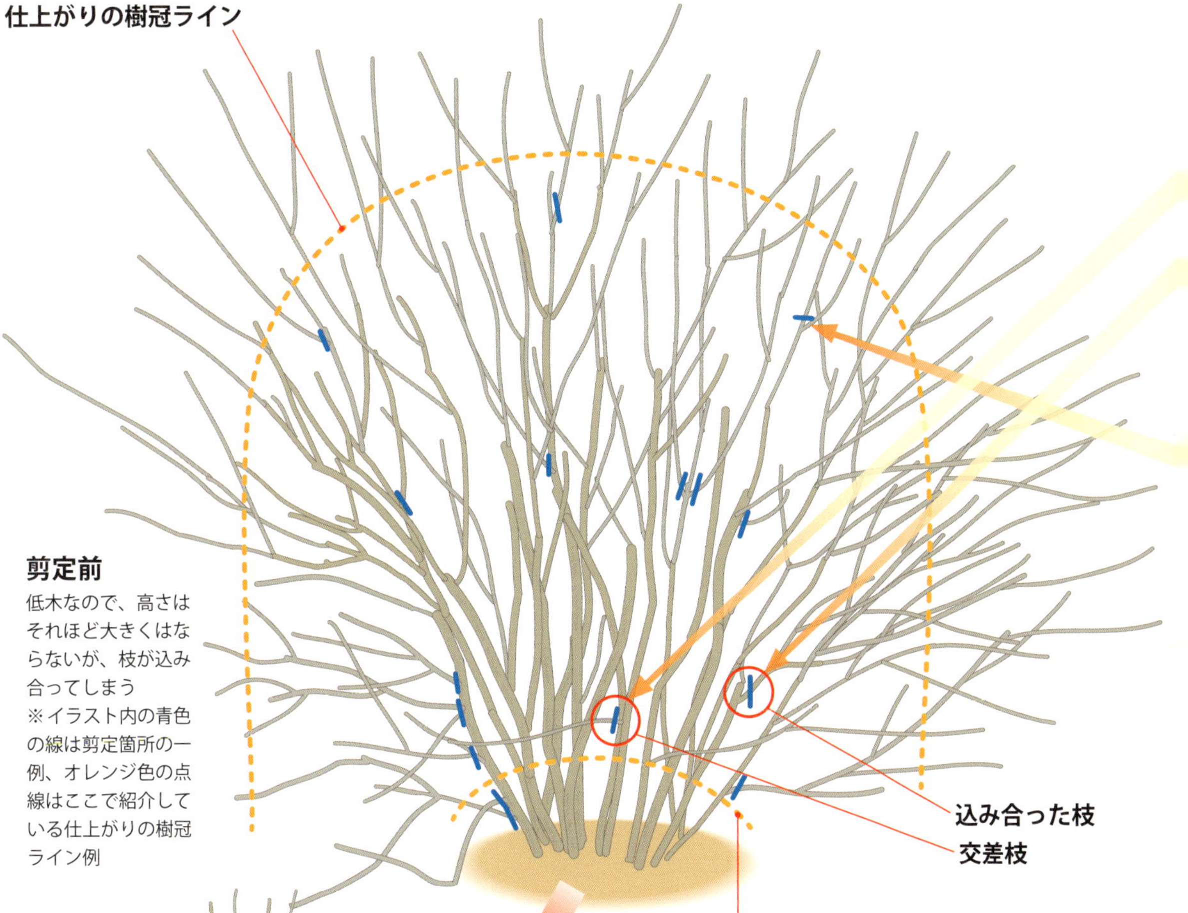

アジサイ

落葉樹の剪定

仕上がりの樹冠ライン

剪定前
低木なので、高さはそれほど大きくはならないが、枝が込み合ってしまう
※イラスト内の青色の線は剪定箇所の一例、オレンジ色の点線はここで紹介している仕上がりの樹冠ライン例

込み合った枝
交差枝

株を更新したい場合の仕上がりの樹冠ライン

剪定後
不要な枝が整理されて、かなりすっきりとした。花つきもこのほうが期待できる

ポイント

- 株を更新したい場合や大きくなりすぎた株を小さくまとめたいときは、すべての株を地際付近から切ってしまってもよい
- 剪定は、毎年手入れしている場合は花後、大幅に小さくしたい場合などは落葉期に行うとよい
- 花後の剪定は、花首の2～3節下で切り取る。花後すぐに行わないと、翌年その枝には咲かなくなってしまう可能性が高い

ウメ

【梅】 バラ科サクラ属
《別名》コノハナ、コウブンボク、ハルツゲグサなど

古くから愛される代表的な早春の花木

奈良時代に中国から渡来し、それ以降、日本人に愛され続けている花木。花を観賞するための花ウメが約300種、実を収穫するための実ウメが約100種と数多くの園芸品種があります。

花期は早春の1～3月ごろで、葉に先立って開花し、甘い芳香を放ちます。幹がゴツゴツしているのも特徴のひとつです。

大きさ	広卵形4～6m	仕立て方	自然樹形、段づくりなど
花色	白、ピンク、赤	耐陰性	やや弱い
実色	赤	耐寒性	強い

	1	2	3	4	5	6	7	8	9	10	11	12
観賞	■	■	■			■						
剪定		■	■	■			■	■		■	■	■
花芽							■	■	■			

観賞：■花 ■実 剪定：■最適期 ■可能期 ■不適期 花芽：■付期

基本の剪定（落葉期）

❶不要な枝を切り落とす

放任すると徒長枝が増えるが、それらを中心とした不要枝（→P.12）を切り落とす。花芽は短枝に多くつくので、短枝はできるだけ残す。結果的には、主枝とそこから伸びた短枝だけになってもよい。

短枝を残しながら、徒長枝を切っていく

剪定後の様子。主枝とそこから伸びた短い枝だけにまとめた

ポイント

- 放任すると徒長枝が増えて樹形を乱す
- 花芽は短枝につきやすいので、落葉期の剪定では短枝はできるだけ残す
- 花芽は夏ごろに新梢の節にでき、それが翌年に咲く。より多くの花を楽しみたければ、剪定は花後からその時期までに行うとよい
- 骨格を整える剪定は、樹形がわかりやすい落葉期に行うとよい

❷形を整える

全体のバランスを見ながら、外側の枝や樹冠を乱す枝を切り落として、形や大きさを整える。高さを維持したい場合や小さくまとめたい場合は、主幹を節（枝わかれしているところ）のすぐ上で切る。

枝先を切るなどして大きさを整える

仕上がりの樹冠ライン

剪定前
勢いよく枝が伸びて、枝数もかなり多い。これでは翌年の花つきも悪くなる
※イラスト内の青色の線は剪定箇所の一例、オレンジ色の点線はここで紹介している仕上がりの樹冠ライン例

剪定後
徒長枝を中心に不要な枝が大胆に整理されて、かなりさっぱりとした

ウメ

落葉樹の剪定

ワンポイントアドバイス

花後に伸びた枝を切り落とす

花後に枝はさらに伸びるので、樹冠から大きくはみ出している枝は節（枝わかれしているところ）のすぐ上で切り落とす。この時期に剪定を行うと、通年、美しい樹形を保つことができる。

樹冠からはみ出している枝を樹冠ラインの数節内側で切って、大きさを整える

カエデ・モミジ

【楓、槭、槭樹】、【紅葉、椛】　カエデ科カエデ属
《別名》—

色鮮やかな秋の紅葉は日本を代表する風物詩

秋の紅葉は、日本を代表する風物詩。カエデやモミジはカエデ科カエデ属に属する樹木の総称ですが、一般的に葉が小さく、紅葉を楽しむものをモミジといいます。品種は大変多く、庭木としてよく植えられる日本産のものは、大きくイロハモミジ系とハウチワカエデ系にわけられます。基本的に剪定は自然樹形を楽しむために行います。

大きさ	広卵形4〜7m	仕立て方	自然樹形、株立ち
花色	—	耐陰性	普通
実色	緑〜茶	耐寒性	強い

	1	2	3	4	5	6	7	8	9	10	11	12
観賞				■	■					■	■	■
剪定			■	■	■	■	■	■		■	■	■
花芽												

観賞：■紅葉　■新緑　剪定：■最適期　■可能期　■不適期

基本の剪定（落葉期）

❶不要な枝を切り落とす

込み合った枝や立ち枝などの不要枝（→P.12）は切り落としてすっきりさせる。主幹から生えている枝の間隔が狭いようであれば、バランスがよい配置になるように太枝であっても切り落として整理する。

細かい枝が生えやすい樹木。込み合った枝は切り落とす

主幹から生えている枝が込み合っている場合は、つけ根から切って整理する

ワンポイントアドバイス

立ち枝に要注意

基本的に立ち枝は、どの樹木でも剪定の対象となるが、とくにカエデやモミジは風になびくようなやわからな姿が美しいので、しっかり切り落としたい。

立ち枝は樹形を乱すので、基本的には切り落とす

❷大きさを整える

全体のバランスを見ながら、外側の枝や樹冠を乱す枝を切り落として、大きさを整える。高さを維持したい場合や小さくまとめたい場合は、主幹を節（枝わかれしたところ）のすぐ上で切る。

枝先を切るなどして、大きさを整える。枝わかれしているところのすぐ上で切るのが基本

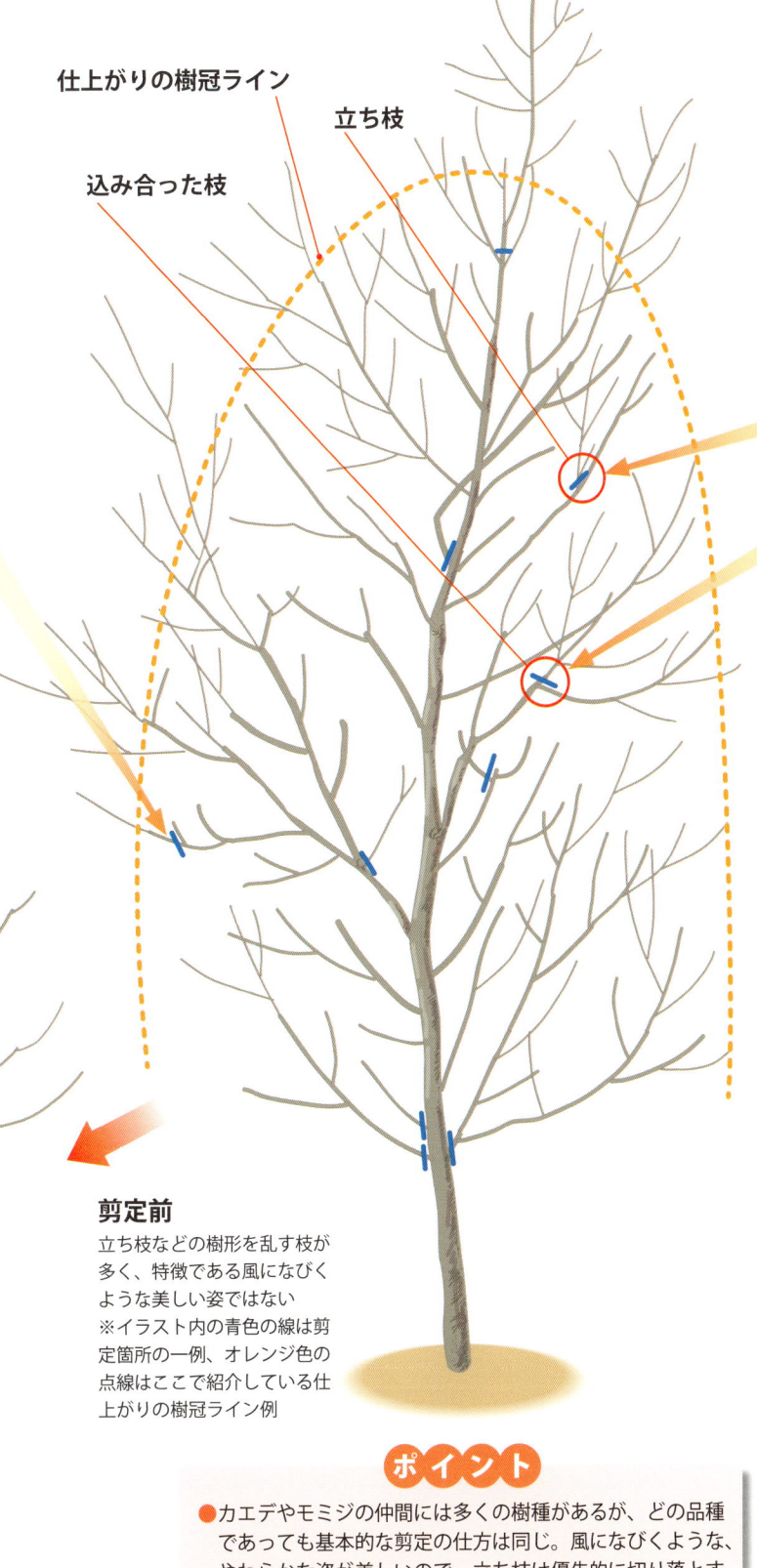

カエデ・モミジ

落葉樹の剪定

仕上がりの樹冠ライン

立ち枝

込み合った枝

剪定前
立ち枝などの樹形を乱す枝が多く、特徴である風になびくような美しい姿ではない
※イラスト内の青色の線は剪定箇所の一例、オレンジ色の点線はここで紹介している仕上がりの樹冠ライン例

剪定後
枝数が減り、やわらかな自然樹形を楽しめるようになった

ポイント
- カエデやモミジの仲間には多くの樹種があるが、どの品種であっても基本的な剪定の仕方は同じ。風になびくような、やわらかな姿が美しいので、立ち枝は優先的に切り落とす
- 細かい枝が生えやすい。込み合うような小枝は整理する
- 剪定は、ほかの落葉樹と同様、落葉期に行うのがよい

クロモジ

【黒文字】 クスノキ科クロモジ属
《別名》—

黄緑色の滑らかな幹をした半日陰でも育つ強健な樹木

ツマヨウジの材料として有名であり、かつては香水や髪油の原料として使用されていたこともあります。特徴は黄緑色の滑らかな幹。バランスよく株立ちになる樹姿には趣があります。やや湿り気のある半日陰でもよく成育し、病虫害にも強く、それほど大きくならないため、小さな庭でも十分に楽しむことができます。

大きさ	倒卵形2.5〜4m	仕立て方	株立ち、自然樹形
花色	黄	耐陰性	普通
実色	黒	耐寒性	強い

	1	2	3	4	5	6	7	8	9	10	11	12
観賞				■								
剪定			■	■	■	■	■	■	■		■	■
花芽						■	■	■	■			

観賞：花　剪定：最適期　可能期　不適期　花芽：付期

基本の剪定（落葉期）

❶不要な枝を切り落とす

幹吹きは基本的に不要。また、枝の間隔が狭いようであれば、太い枝であっても切って整理する。込み合った枝や内向枝、交差枝などの不要枝（→P.12）も切り落とす。

主幹から生えている枝の間隔はある程度広げる

ワンポイントアドバイス

根元付近を整理する

株立ちは3、5、7本が美しいといわれている。ひこばえが多く生えて見苦しいようであれば、曲がっているものなどを優先的につけ根から切る。

株立ちのものは立ち数を減らすと、株立ちならではの美しさが楽しめる

ポイント

- ひこばえが出やすい樹木。不要であれば、ひこばえはつけ根から切りとる
- 小さくまとめたい場合は、全体のバランスを見ながら大胆に切ってしまってもよい

❷形を整える

全体のバランスを見ながら、外側の枝や樹冠を乱す枝を切り落として、形や大きさを整える。高さを維持したい場合や小さくまとめたい場合は、主幹を節（枝わかれしているところ）のすぐ上で切る。

枝先を切り落として大きさを整える。枝わかれしているところのすぐ上で切るのが基本

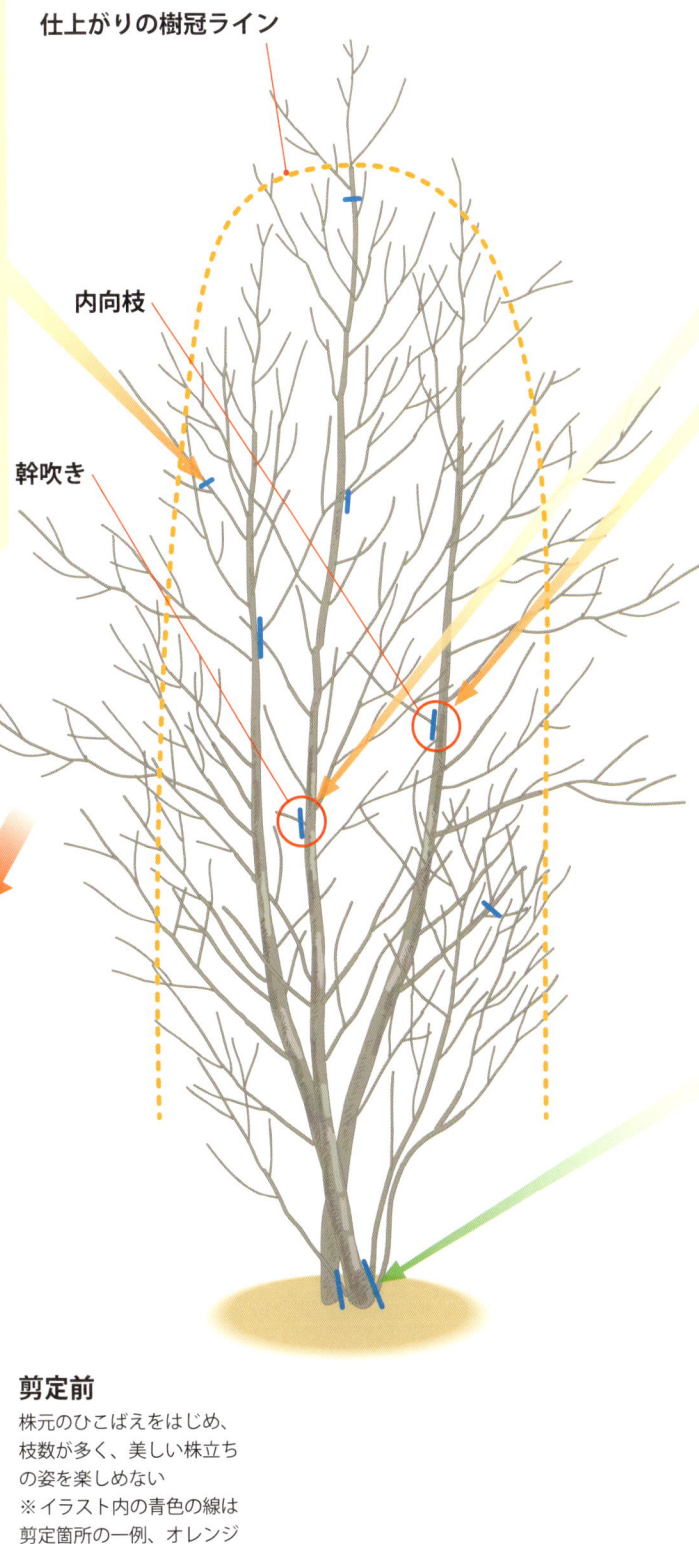

仕上がりの樹冠ライン

内向枝

幹吹き

クロモジ

落葉樹の剪定

剪定後
枝数を減らして、すっきりさせた。株全体の美しさも考慮する。株立ちのものは、株元を整理するのがポイントのひとつ

剪定前
株元のひこばえをはじめ、枝数が多く、美しい株立ちの姿を楽しめない
※イラスト内の青色の線は剪定箇所の一例、オレンジ色の点線はここで紹介している仕上がりの樹冠ライン例

サルスベリ

【百日紅】 ミソハギ科サルスベリ属
《別名》ヒャクジツコウ

滑らかな木肌が美しく長期間、花を楽しめる

木肌が滑らかで、名前は木登りが得意なサルも滑ってしまいそうなことに由来しています。漢字では「百日紅」と書きますが、これは花期がとても長く、100日も楽しめるというところからきています。品種は豊富。うどんこ病にかかりやすい樹木でしたが、最近では耐性のあるものや狭い庭でも楽しめる矮性種なども市販されています。

大きさ	広卵形 3～6m	仕立て方	自然樹形
花 色	白、ピンク、紫、赤	耐陰性	弱い
実 色	—	耐寒性	やや弱い

	1	2	3	4	5	6	7	8	9	10	11	12
観賞							■	■	■			
剪定	■	■	■	■				■	■			■
花芽												

観賞：■花　剪定：■最適期　■可能期　■不適期

基本の剪定（落葉期）

❶ 不要な枝を透かす

込み合った枝や幹吹き、立ち枝などの不要枝（→P.12）は切り落としてすっきりさせる。主幹から生えている枝の間隔が狭いようであれば、バランスがよい配置になるように太枝であっても切り落として整理する。

立ち枝は自然な流れの樹形を乱すことになるので、剪定の対象になる

幹吹きは基本的に不要なので、つけ根から切る

ワンポイントアドバイス

太枝が多いほど大きな花が咲く

花のことだけを考えるならば、太い新梢が多いほど、大きな花が咲く。そのため、かなり強めの剪定をするという方法もある。

強めの剪定をして、太い枝だけを残した。こうすることによって、数年後にはより大きな花を楽しむことができる

❷形を整える

全体のバランスを見ながら、外側の枝や樹冠を乱す枝を切り落とし、形や大きさを整える。高さを維持したい場合や小さくまとめたい場合は、主幹を節（枝わかれしているところ）のすぐ上で切る。

樹冠からはみ出している枝を切るなどして形を整える

サルスベリ

落葉樹の剪定

仕上がりの樹冠ライン

立ち枝
交差枝
幹吹き

剪定前
長年に渡って放任すると、枝が不規則に伸びてしまう。花の大きさも小さくなる
※イラスト内の青色の線は剪定箇所の一例、オレンジ色の点線はここで紹介している仕上がりの樹冠ライン例

剪定後
小枝が大胆に整理されて、かなりすっきりとした樹形になった

ポイント
- 萌芽力が強いので、強めの剪定にも耐えられる
- 太い枝が多いほど、より大きな花が咲く可能性が高い

シダレモミジ

【枝垂れ紅葉】　カエデ科カエデ属
《別名》イトモミジ

美しい細い葉と垂れた枝ぶりを楽しむ

イロハモミジ系のヤマモミジの枝垂れ品種。細い葉が美しく、風情がある日本を代表する樹木のひとつです。秋には紅葉も楽しめるベニシダレのほかに、緑色の葉であるアオシダレもあります。

その美しい自然樹形を楽しむために、本来の樹形を崩さないようにするのが剪定のポイントです。

大きさ	枝垂れ形2～5m	仕立て方	自然樹形
花色	白	耐陰性	普通
実色	―	耐寒性	強い

	1	2	3	4	5	6	7	8	9	10	11	12
観賞										■	■	
剪定	■	■	■	■						■	■	■
花芽												

観賞：■紅葉　剪定：■最適期　■可能期　■不適期

基本の剪定（落葉期）

❶不要な枝を整理する

込み合った枝や立ち枝、交差枝などの不要枝（→P.12）は切り落としてすっきりさせる。とくにシダレモミジはふところの枝が枯れやすいので枯れ枝に注意し、あれば根元から切る。

ひとつの節から多くの枝が出ているような込み合った枝は切り落として整理する

ワンポイントアドバイス❶

立ち枝を切る

外側に伸びていくにつれて、下へと伸びる姿が美しい樹木。その姿を楽しむために、とくに立ち枝はできるだけ切り落とすのが基本となる。

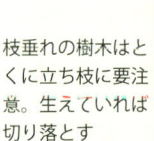

枝垂れの樹木はとくに立ち枝に要注意。生えていれば切り落とす

ワンポイントアドバイス❷

枝の間隔は広めに

枝が込み合っている部分は、切り落として整理すると美しく仕上がる。たとえ太い枝であっても、切ってしまって構わない。

込み合っている部分は、たとえ太い枝であっても切り落とす

42

❷形を整える

全体のバランスを見ながら、外側の枝や樹冠を乱す枝を切り落とし、形や大きさを整える。高さを維持したい場合や小さくまとめたい場合は、主幹を節（枝わかれしているところ）のすぐ上で切る。

枝先を切るなどして形や大きさを整える。枝わかれしているところのすぐ上で切るのが基本

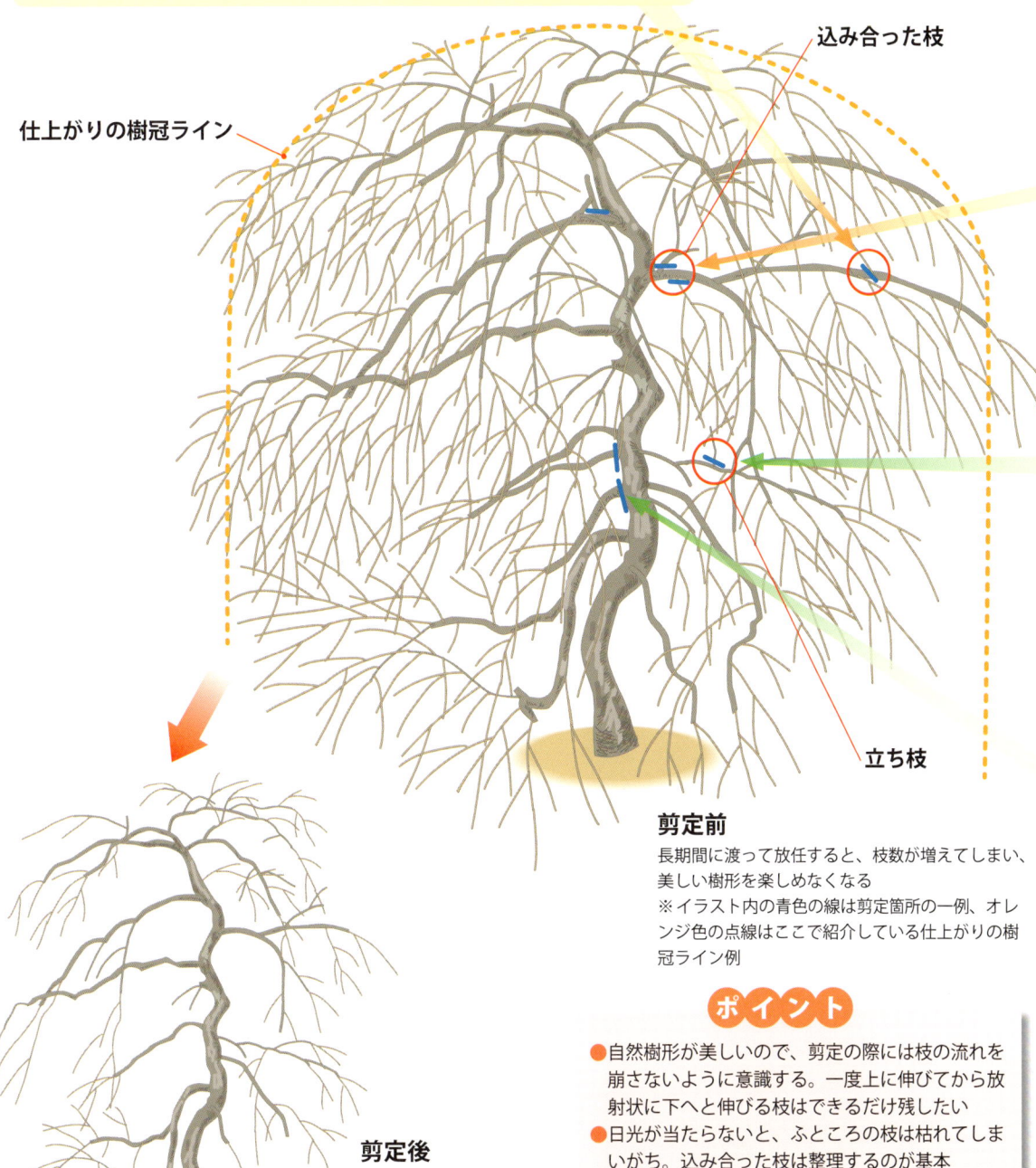

シダレモミジ

落葉樹の剪定

仕上がりの樹冠ライン

込み合った枝

立ち枝

剪定前
長期間に渡って放任すると、枝数が増えてしまい、美しい樹形を楽しめなくなる
※イラスト内の青色の線は剪定箇所の一例、オレンジ色の点線はここで紹介している仕上がりの樹冠ライン例

剪定後
美しい自然の枝の流れを生かし、それがよくわかる樹形になった

ポイント

- 自然樹形が美しいので、剪定の際には枝の流れを崩さないように意識する。一度上に伸びてから放射状に下へと伸びる枝はできるだけ残したい
- 日光が当たらないと、ふところの枝は枯れてしまいがち。込み合った枝は整理するのが基本
- 市販されている苗には接ぎ木苗が多い。台芽が出たらすぐに切り取る

シラカバ

【白樺】 カバノキ科カバノキ目
《別名》シラカンバ

白色の美しい樹皮が涼しげな高原を連想させる

白色の美しい樹皮が、涼しげな高原を連想させてくれる樹木。毎年幹が太るごとに古い皮を落として、その新しい白い樹皮を現します。病虫害の面では、カミキリムシの幼虫に根などを食い荒らされ、枯れてしまうことがあるので要注意。枯れ枝が急に増えたり、根元に木くずのようなものがたまっていたら殺虫剤で防除しましょう。

大きさ	広卵形5〜7m	仕立て方	自然樹形
花 色	緑、黄	耐陰性	弱い
実 色	緑〜茶	耐寒性	強い

	1	2	3	4	5	6	7	8	9	10	11	12
観賞												
剪定												
花芽												

剪定： ■最適期　■可能期　■不適期

基本の剪定（落葉期）

❶不要な枝を切り落とす

込み合った枝や内向枝などの不要枝（→P.12）は切り落としてすっきりさせる。主幹から生えている枝の間隔が狭いようであれば、バランスがよい配置になるように太枝であっても切り落として整理する。

内向枝は樹形を乱すので剪定の対象になる

主幹から生えている枝の間隔が狭い場合は、つけ根から切ってバランスをとる

ワンポイントアドバイス

外芽を残す

枝先を切り詰めていく場合は、芽が出ている節の上で切るのが基本。よく観察すると芽の向きがわかるので、外芽（→P.15）を残し、その節上で切る。

外芽

枝先を切る場合は外芽を残して切る

❷形を整える

全体のバランスを見ながら、外側の枝や樹冠を乱す枝を切り落とし、形や大きさを整える。高さを維持したい場合や小さくまとめたい場合は、主幹を節（枝わかれしているところ）のすぐ上で切る。

枝先を切るなどして形や大きさを整える。枝わかれしているところのすぐ上で切るのが基本

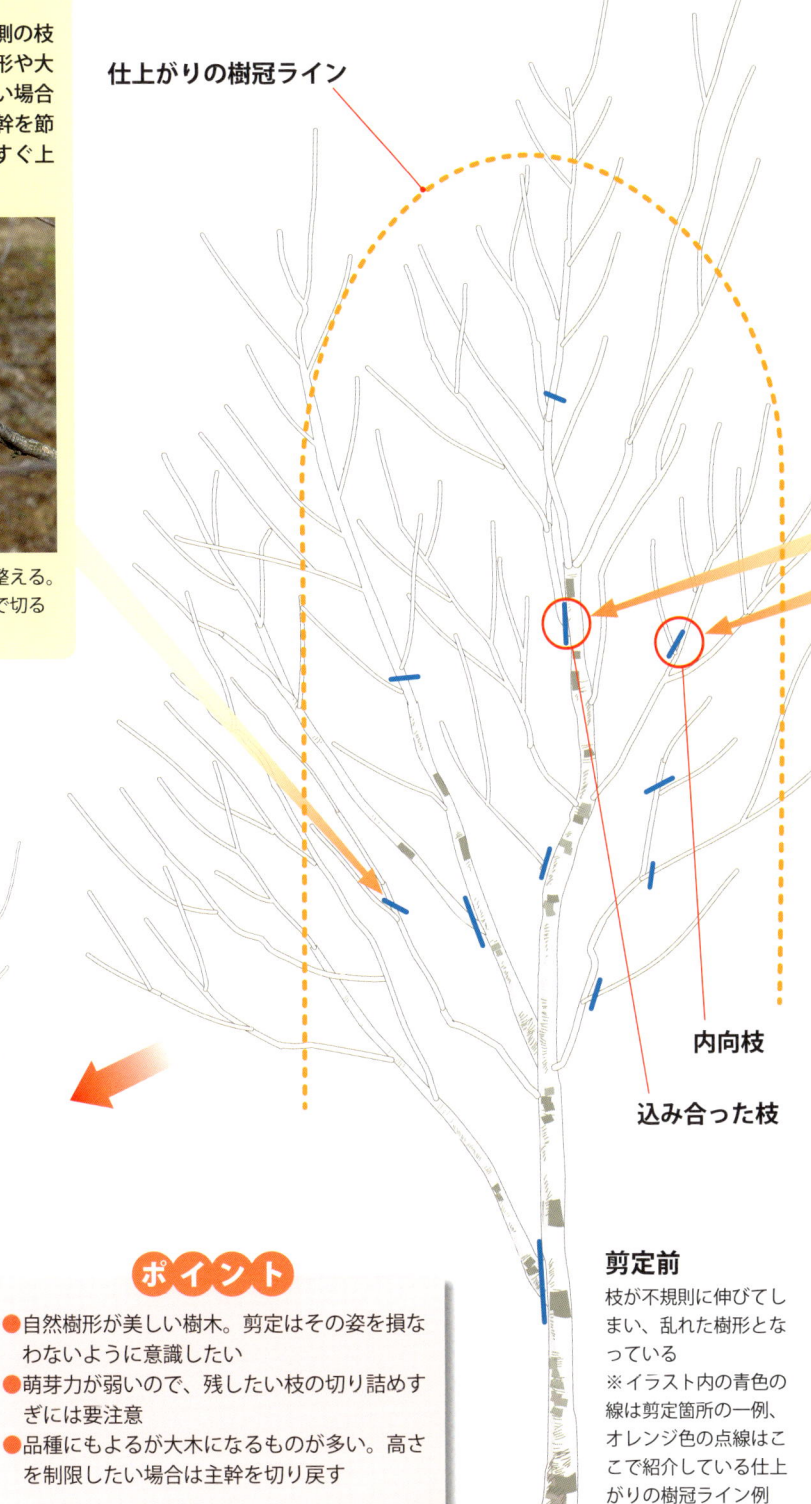

仕上がりの樹冠ライン

内向枝

込み合った枝

剪定前
枝が不規則に伸びてしまい、乱れた樹形となっている
※イラスト内の青色の線は剪定箇所の一例、オレンジ色の点線はここで紹介している仕上がりの樹冠ライン例

ポイント
- 自然樹形が美しい樹木。剪定はその姿を損なわないように意識したい
- 萌芽力が弱いので、残したい枝の切り詰めすぎには要注意
- 品種にもよるが大木になるものが多い。高さを制限したい場合は主幹を切り戻す

剪定後
すっきりと美しい樹形になった。高さが気になるようであれば、状況に合わせて主幹を切りつめる

シラカバ

落葉樹の剪定

スモークツリー

【―】 ウルシ科コティヌス属
《別名》ケムリノキ

煙のような花柄に加え
秋には紅葉も楽しめる

花は小さいものの、花後に実を支える柄が伸びて、それがまるで煙（スモーク）のように見えます。雌雄異株のため、その美しい様を楽しみたければ雌株を選びます。

秋には紅葉もする、かわいらしい丸い葉も鑑賞の対象になり、赤色や黄色の葉の品種もあります。暑さや寒さに強く、育てやすい樹木です。

大きさ	卵形3～5m	仕立て方	自然樹形
花色	黄	耐陰性	やや弱い
実色	白、黄、赤	耐寒性	強い

	1	2	3	4	5	6	7	8	9	10	11	12
観賞					■	■	■					
剪定	■	■	■	■								■
花芽								■	■			

観賞：■花 ■実　剪定：■最適期 ■可能期　花芽：■付期

基本の剪定（落葉期）

❶ 不要な枝を切り落とす

込み合った枝、交差枝などの不要枝（→P.12）は切り落としてすっきりさせる。

枝が込み合っている場合は、切って整理する

❷ 形を整える

全体のバランスを見ながら、外側の枝や樹冠を乱す枝を切り落とし、形や大きさを整える。高さを維持したい場合や小さくまとめたい場合は、主幹を節（枝わかれしているところ）のすぐ上で切る。

樹冠を乱す枝を切り落として形や大きさを整えていく

ワンポイントアドバイス❶

太枝を切り落とす

主幹なみに太くなるような枝は、伸びすぎると樹形を乱しがち。好みにもよるが、不要と判断したら、思い切って剪定してもよい。

枝の太さをある程度均一にするため、太い枝でも剪定の対象に考えてよい

仕上がりの樹冠ライン

交差枝

剪定前
枝数が多く、まとまりのない印象を受けてしまう
※イラスト内の青色の線は剪定箇所の一例、オレンジ色の点線はここで紹介している仕上がりの樹冠ライン例

込み合った枝

スモークツリー

落葉樹の剪定

剪定後
不要な枝が整理され、すっきりとした樹形になった

ワンポイントアドバイス❷

花柄を切り落とす

花（正確には花柄）が終わったら、すぐにその部分を切り落とす。その際には、花柄から下の2〜3枚の葉とともに切り落とすように。これを行わないと、翌春、その枝に花が咲きにくくなってしまう。

花柄

花が終わったら、その下の2〜3枚の葉とともに切り落とす

花の下の葉

ポイント

- 自然樹形が美しい樹木。剪定は自然の枝の流れを重視する
- どこで切っても芽をよく伸ばす。枝数を増やしたければ、増やしたい節のすぐ上で切る

ドウダンツツジ

【燈台躑躅】　ツツジ科ドウダンツツジ属
《別名》カメコツツジ、トウダイツツジ

釣鐘のような白い花が咲く 植え込みの定番

庭木や植え込みとしてよく利用されている、もっともポピュラーな樹木のひとつ。春に釣鐘のような白い花を枝いっぱいに咲かせ、秋には燃えるような紅葉も楽しめます。低半球形などに仕立てられるのが一般的ですが、自然樹形でも趣きがあります。水が切れると葉が落ちるので、夏の土の乾燥には注意が必要です。

大きさ	低卵形 2～3m	仕立て方	半球形、自然樹形
花 色	白	耐陰性	普通
実 色	―	耐寒性	強い

	1	2	3	4	5	6	7	8	9	10	11	12
観賞				花	花					紅葉	紅葉	
剪定	最適期	最適期	最適期			可能期	不適期	不適期		可能期	可能期	可能期
花芽							付期	付期	付期			

観賞：■花・紅葉　剪定：■最適期　■可能期　■不適期　花芽：■付期

刈り込み剪定（花後）

形を整える

刈り込みバサミを使って枝を切り落とし、形や大きさを整えていく。大きさを一定に保ちたい場合は、前年の刈り面にそろえて、伸びた部分だけを切るとよい。

刈り込みバサミで枝を切っていく

ワンポイントアドバイス❶

二度刈りをする

より美しく仕上げるためには、二度刈り、三度刈りをするとよい。ある程度刈り込んだあとに切り落とした枝を手で払い落とし、少し離れて全体を見る。そして樹冠からはみ出た部分があれば、それを切る。

刈り落とした枝が残るので、それを手で払い落とす

ポイント

- 萌芽力が強く、細い枝が多く生えるため刈り込み剪定に向く
- 剪定は6月ごろ、もしくは長年放任している場合などは、樹形がわかりやすい落葉期にするとよい

ワンポイントアドバイス❷

ハサミの向きに要注意

刈り込みバサミは刃が柄に対して反っているが、球形に刈り込むときは、下側に反るように持つ。逆に持つと美しい曲線がつくりにくくなる。

刃が柄に対して下に反るように持って、球形に刈り込む

ドウダンツツジ 落葉樹の剪定

剪定前 放任すると、不均一に枝が伸びて樹形が乱れがちになる
※写真内のオレンジ色の点線はここで紹介している仕上がりの樹冠ライン例

剪定後 全体的に丸く、整ったかたちになる。また、刈り込むことによって、表面の枝をより密にしていくことができる

ワンポイントアドバイス❸

長年放任した場合などは落葉期に

落葉期に剪定すると、枝のかたちがわかりやすく、より剪定しやすい。長年放任した場合は、この時期に行ったほうがより手間が省ける。

落葉期に行う場合も、基本的な剪定の仕方は変わらない。刈り込みバサミで形や大きさを整える

トサミズキ

【土佐水木】 マンサク科トサミズキ属
《別名》シロムラ

黄色の小花が穂のように咲く古くから人気の花木

寒さが残る早春に、黄色の小さな花を穂のように咲かせる、人気が高い花木です。歴史は古く、江戸時代から観賞用として庭木や盆栽に利用されてきました。

名前の由来は、土佐（高知県）に自生しているため。大きくなるので、小さめの樹木がよい場合は、近縁種のヒュウガミズキを選ぶとよいでしょう。

大きさ	卵形2〜4m	仕立て方	株立ち、自然樹形
花色	黄	耐陰性	普通
実色	—	耐寒性	普通

	1	2	3	4	5	6	7	8	9	10	11	12
観賞			■	■								
剪定	■	■	■	■	■					■	■	■
花芽							■	■	■			

観賞：■花　剪定：■最適期　■可能期　花芽：■付期

基本の剪定（花後）

❶ 不要な枝を切り落とす

込み合った枝や交差枝、内向枝などの不要枝（→P.12）は切り落としてすっきりさせる。また、主幹から生えている枝の間隔が狭いようであれば、つけ根から切り落として枝間の間隔を広げる。

主幹から生えている枝が込み合って、ほかの枝や幹と交差している場合は、つけ根から切って整理する

ワンポイントアドバイス❶
根元付近を整理する

株立ちのものは、株全体が込み合っているようであれば立ち数を整理する。また、根元付近はすっきりさせたいので、ひこばえは剪定の対象になる。

ひこばえが生えている場合は、根元から切り落とす

ワンポイントアドバイス❷
実は早めにとる

実を放任すると、樹木の負担になるため、翌年の花つきのことを考えると早めにとったほうがよい。

実をそのままにしておくと、翌年の花つきが悪くなるので早めにとる

❷形を整える

全体のバランスを見ながら、外側の枝や樹冠を乱す枝を切り落とし、形や大きさを整える。高さを維持したい場合や小さくまとめたい場合は、主幹を節（枝わかれしているところ）のすぐ上で切る。

枝先を切り落として大きさを整える。枝わかれしているところのすぐ上で切るのが基本

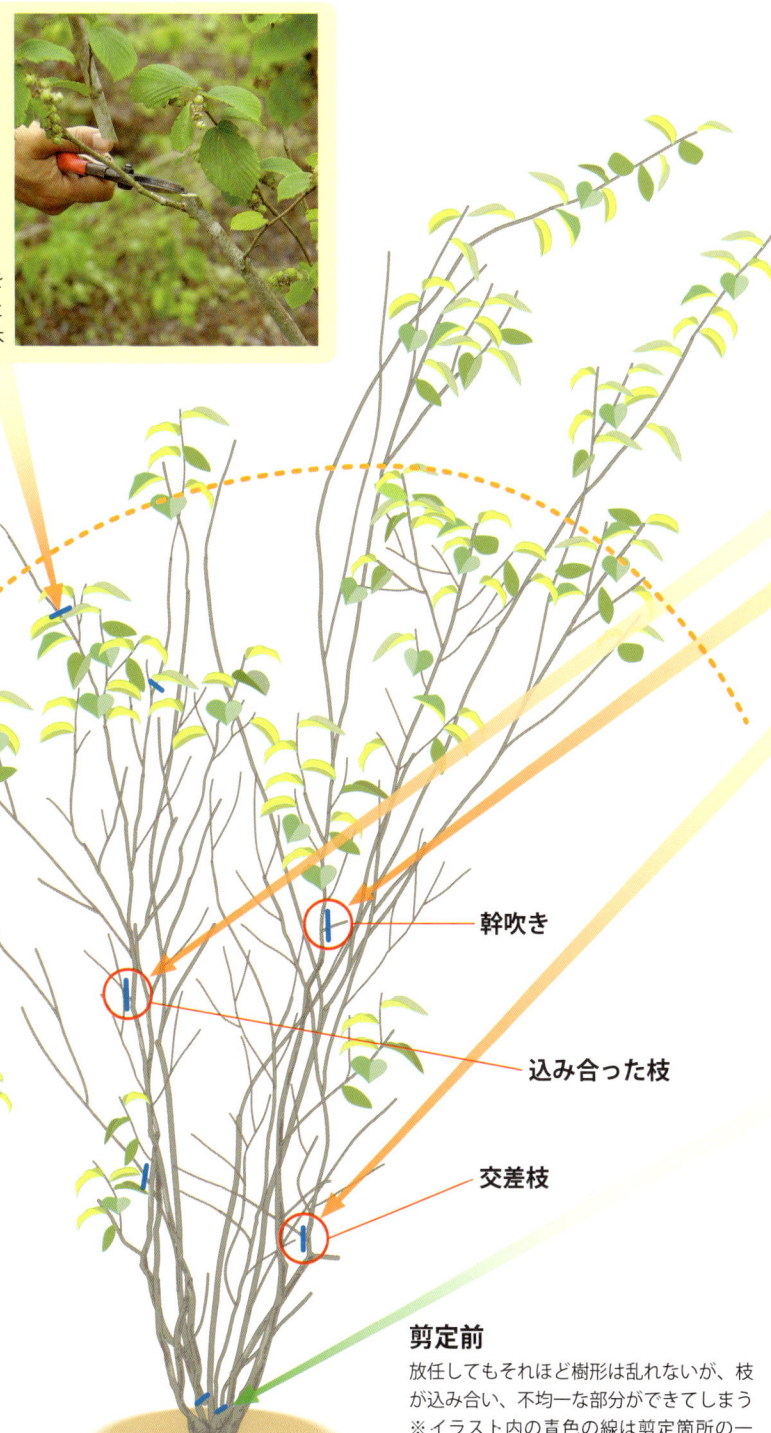

仕上がりの樹冠ライン

トサミズキ

落葉樹の剪定

幹吹き

込み合った枝

交差枝

剪定前
放任してもそれほど樹形は乱れないが、枝が込み合い、不均一な部分ができてしまう
※イラスト内の青色の線は剪定箇所の一例、オレンジ色の点線はここで紹介している仕上がりの樹冠ライン例

剪定後
不要な枝が整理され、すっきりとした樹形に。大きさもコンパクトにまとまった

ポイント
- 放任しても樹形はそれほど乱れないので、剪定は不要枝の整理や形を整える程度でもよい。ただし、実は早い段階でとりたい
- 骨格をつくりなおしたい場合などは落葉期に剪定を行う

バイカウツギ

【梅花空木】 ユキノシタ科バイカウツギ属
（別名）―

ウメに似た白い花をつける落葉性の低木花木

本州以南の山地に自生する落葉性の低木で、名前の「梅花」の通り、ウメに似た白い花をつけます。葉は先の尖った卵型をしていて、表面には細かい毛が生えます。

古くから庭木や生け花の花材として親しまれてきましたが、最近では「ベルエトワール」をはじめとする西洋種や、八重咲きの品種も人気となっています。

大きさ	株立ち2〜3m	仕立て方	自然樹形
花色	白	耐陰性	普通
実色	―	耐寒性	普通

	1	2	3	4	5	6	7	8	9	10	11	12
観賞					■	■						
剪定	■	■	■	■						■	■	■
花芽							■	■	■			

観賞：■花　剪定：■最適期　■可能期　花芽：■付期

基本の剪定（落葉期）

❶不要な枝を切り落とす

込み合った枝や内向枝、交差枝などの不要枝（→P.12）は切り落としてすっきりさせる。

ひとつの節から2本の枝が出ている場合は、一方を切り落として整理する

ワンポイントアドバイス❶

立ち数を減らす

株立ちは、ある程度、立ち数を限定するとすっきりとして美しくなる。立ち数が多いようであれば、曲がっているものなどを優先的に切る。

株元から曲がっているものなどがあれば、優先して切る

ポイント

- 株立ちのものは、株数を整理すると、すっきりとした美しさが楽しめる
- 古い株や枝は花つきが悪くなるので、切り落として新しい株や枝に更新する

❷形を整える

全体のバランスを見ながら、外側の枝や樹冠を乱す枝を切り落として、形や大きさを整える。高さを維持したい場合や小さくまとめたい場合は、主幹を節（枝わかれしているところ）のすぐ上で切る。

枝先を切るなどして形や大きさを整える

剪定後
古い枝が切り落とされ、根元付近をはじめ、全体的にすっきりした。翌年の花数も多くなる

バイカウツギ

落葉樹の剪定

仕上がりの樹冠ライン

剪定前
長年に渡り放任すると、不要な枝が多く生えて、乱れた樹形になる
※イラスト内の青色の線は剪定箇所の一例、オレンジ色の点線はここで紹介している仕上がりの樹冠ライン例

込み合った枝

交差枝

ワンポイントアドバイス❷

株を更新する

株立ちのものは、株が古くなると花つきが悪くなる。古い株は新しい株より太く茶色が薄いので、それを目安に古い株を根元から切って新しい株に更新すると、花つきが維持される。

新しい株　　古い株

古い株は茶色が薄くて太い。優先的に切り落とすと、枝が更新されて花つきが維持される

ハクモクレン

【白木蓮】 モクレン科モクレン属
《別名》ハクレンゲ、ハクレン

甘い香りがする大きな白い花が特徴

中国原産の落葉高木で、森林では高さが10m以上になるものも。4月頃、葉の出る前に、枝先に大きな白い花を咲かせ、花からは甘い香りがします。庭のシンボルツリーとしてもよく植えられます。

同じモクレンの仲間として、紫色の花が咲くシモクレン、ピンク色の花が咲くサラサモクレンなどがあります。

大きさ	卵形5〜7m
花 色	白
実 色	―
仕立て方	自然樹形
耐陰性	弱い
耐寒性	普通

	1	2	3	4	5	6	7	8	9	10	11	12
観賞			■	■								
剪定	■	■	■	■	■						■	■
花芽							■	■	■			

観賞：■花　剪定：■最適期　■可能期　花芽：■付期

基本の剪定(落葉期)

❶不要な枝を切り落とす

込み合った枝や内向枝、交差枝などの不要枝（→P.12）は切り落としてすっきりさせる。

主幹から生えている枝が込み合っている場合は、つけ根から切って整理する

❷形を整える

全体のバランスを見ながら、外側の枝や樹冠を乱す枝を切り落として、形や大きさを整える。

樹冠ラインからはみ出している太枝は、樹冠ラインより内側で切って大きさをまとめる

ワンポイントアドバイス

外芽を残す

剪定は節上で切り落とすのが基本。さらに、できるだけ外芽（→P.16）を残したい。これはほかの多くの樹種にもいえること。それを残すことによって、将来的に美しい自然な枝振りの樹にすることができる。

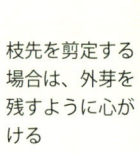

枝先を剪定する場合は、外芽を残すように心がける

外芽

形を整える（高さ）

高さを維持したい場合、もしくは小さくまとめたい場合は、高く伸びた主幹を切る。

枝先と同様、主幹も枝わかれしているところのすぐ上で切り戻すのが基本

ハクモクレン

落葉樹の剪定

仕上がりの樹冠ライン

込み合った枝

内向枝

剪定前
放任してもそれほど乱れないが、不要な枝が目につき、高さが必要以上に高くなることもある
※イラスト内の青色の線は剪定箇所の一例、オレンジ色の点線はここで紹介している仕上がりの樹冠ライン例

剪定後
不要な枝が整理されてすっきりした。高さもコンパクトにまとまった

ポイント

- 放任してもそれほど乱れないので、大きさを気にしないのであれば、剪定は不要な枝を間引く程度でもよい
- シモクレン、サラサモクレンなどの、ほかのモクレンの仲間も基本的に剪定の仕方は同様に考えてよい

55

ハナミズキ・ヤマボウシ

【花水木】【山法師】 どちらもミズキ科ヤマボウシ属
（別名）ハナミズキ：アメリカヤマボウシ

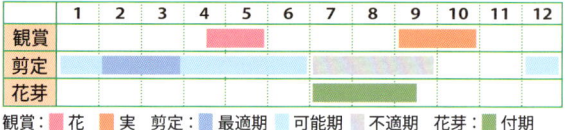

街路樹としても人気が高く実や紅葉も楽しめる

春に赤や白の花が美しく咲き、秋には赤い実や紅葉も楽しめます。

ヤマボウシは日本に自生していますが、ハナミズキはもともとアメリカの樹木。ヤマボウシはハナミズキより花期がやや遅いなどの違いがあるものの、同じ仲間で性質も似ているため、管理の仕方は同じように考えて構いません。

大きさ	広円錐形 3〜5m	仕立て方	自然樹形
花色	白、ピンク、赤	耐陰性	普通
実色	赤	耐寒性	普通

	1	2	3	4	5	6	7	8	9	10	11	12
観賞				花	花				実	実		
剪定		最適期	最適期				不適期	不適期			可能期	可能期
花芽							付期	付期	付期			

観賞：■花 ■実　剪定：■最適期 ■可能期 ■不適期　花芽：■付期

基本の剪定（落葉期）

❶ 不要な枝を切り落とす

込み合った枝や幹吹き、交差枝などの不要枝（→P.12）は切り落としてすっきりさせる。

ひとつの節から多くの枝が出ている場合は、枝を切り落として整理する

ワンポイントアドバイス❶

日が差さないとすぐに枯れ枝に

ハナミズキやヤマボウシは、日が差さないと枝がすぐに枯れてしまいがち。枯れた枝は、色が変わり手で簡単に折れてしまう。枝を透かして、ふところの日当たりをよくし、できるだけ枯れ枝をつくらないようにしたい。

枯れ枝は色があせ、手で簡単に折れる

ポイント

- ふところの枝が枯れやすいので、枝数を整理して日当たりや風通しをよくする
- 外へと広がる性質が強いので、スペースに限りがある場合は、横への広がりを押さえる剪定が必要になる
- 落葉期なら花芽の見わけがつきやすく、剪定しやすい

❷形を整える

全体のバランスを見ながら、外側の枝や樹冠を乱す枝を切り落とし、形や大きさを整える。高さを維持したい場合や小さくまとめたい場合は、主幹を節（枝わかれしているところ）のすぐ上で切る。

枝先を切り落として形や大きさを整える。枝わかれしているところのすぐ上で切るのが基本

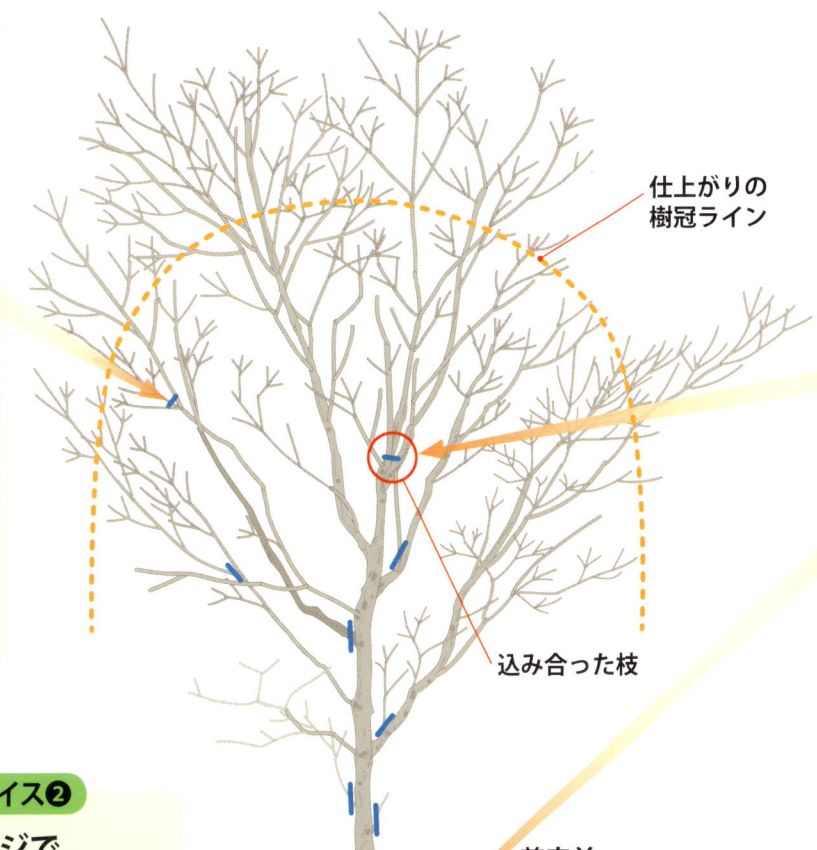

ワンポイントアドバイス❷
枝は波打つようなイメージで

独特な枝ぶりが楽しめる樹木。枝の自然な流れを意識して、波打つようなイメージで切ると、より美しい仕上がりとなる。

枝が波を打つようなイメージで剪定すると、美しい仕上がりになる

仕上がりの樹冠ライン

込み合った枝

剪定前
枝数が必要以上に増えてしまい、ふところの枯れ枝などが目立つようになる
※イラスト内の青色の線は剪定箇所の一例、オレンジ色の点線はここで紹介している仕上がりの樹冠ライン例

幹吹き

剪定後
込み合った部分が透かされ、すっきりとした。枝ぶりは自然の流れを活かした枝ぶりが美しい

ハナミズキ・ヤマボウシ　落葉樹の剪定

ヒメシャラ

【姫紗羅】 ツバキ科ナツツバキ属
（別名）ヤマチャ、サルタノキ、アカラギ、サルスベリ

光沢がある樹皮はシンボルツリーにも最適

ナツツバキに似ていますが、葉や花が全体的に小ぶり。樹皮は滑らかでまだらにはがれ落ち、美しい光沢があります。6～7月ごろ、赤茶色の幹や明るい緑色の葉によく映える、ツバキに似た優美な白い花をつけます。

和風・洋風どちらの庭にも適し、その家のシンボルツリーや玄関前の木としてもよく用いられます。

大きさ	長卵形5～8m	仕立て方	自然樹形、株立ち
花 色	白	耐陰性	普通
実 色	茶	耐寒性	普通

	1	2	3	4	5	6	7	8	9	10	11	12
観賞						■			■	■		
剪定		■	■	■			■	■	■			
花芽						■	■	■	■			

観賞：■花 ■実 剪定：■最適期 ■可能期 ■不適期 花芽：■付期

基本の剪定（落葉期）

❶ 不要な枝を切り落とす

込み合った枝や幹吹き、内向枝などの不要枝（→P.12）は切り落としてすっきりさせる。

幹吹きは基本的に不要なので、つけ根から切り落とす

❷ 形を整える

全体のバランスを見ながら、外側の枝や樹冠を乱す枝を切り落とし、形や大きさを整える。

枝先を切るなどして形や大きさを整える。枝わかれしているところのすぐ上で切るのが基本

ワンポイントアドバイス

枯れ枝に要注意

日が差さないと枝がすぐに枯れてしまいがち。枯れた枝は、色が変わり、手で簡単に折れてしまう。透かして、ふところの日当たりをよくし、できるだけ枯れ枝をつくらないようにしたい。

日が差さないとすぐに枯れ枝になる。枯れ枝は簡単に折れてしまう

形を整える（高さ）

高さを維持したい場合、または小さくまとめたい場合は、状況に応じて主幹を切る。

枝先と同様、主幹も枝わかれしているところのすぐ上で切るのが基本

ヒメシャラ

落葉樹の剪定

仕上がりの樹冠ライン

込み合った枝

内向枝

幹吹き

剪定前
放任しても樹形はそれほど乱れないが、枝が込み合うとふところの枝が枯れてしまう
※イラスト内の青色の線は剪定箇所の一例、オレンジ色の点線はここで紹介している仕上がりの樹冠ライン例

剪定後
全体的にすっきりとした。自然な流れの枝ぶりとなるように心がける

ポイント
- 放任しても、樹形はそれほど乱れない。ただし、ふところの枝は日光が当たらないとすぐに枯れてしまうので、込み合った枝を整理するのが基本
- 幹が太いものは幹焼けを起こしやすいので、夏場の剪定は好ましくない
- 萌芽力はそれほど強くないので強い剪定を行うときは要注意

フジ

【藤】 マメ科フジ属
《別名》ノダフジ

棚仕立てで房状の花を楽しむ植物園の定番

花が房状に垂れる姿がとても美しく、棚仕立てのフジ棚は多くの植物園で春の見どころのひとつになっています。いろいろな品種がありますが、大きくは右巻きのノダフジ系と左巻きのヤマフジ系にわけられます。生育が旺盛でよく伸びますが、長年にわたり放任すると花芽がつきにくくなるため、注意が必要です。

大きさ	つる性(つる長) 3〜10m	仕立て方	棚仕立て
花色	白、紫、ピンク	耐陰性	普通
実色	茶〜緑	耐寒性	強い

	1	2	3	4	5	6	7	8	9	10	11	12
観賞				■	■							
剪定		■	■			■	■				■	■
花芽								■	■			

観賞：花　剪定：最適期　可能期　花芽：付期

基本の剪定（花後）

❶不要な枝を切り落とす

交差枝や込み合った枝、内向枝などの不要枝（→P.12）は切り落としてすっきりさせる。

つる性であり、枝が絡みやすい。絡んでいる枝は整理する

ひこばえが生えていたら、つけ根から切り落とす

ワンポイントアドバイス❶

実は早めにとる

実をつけたままにしておくと、そちらに養分をとられて樹勢が弱まってしまう。できるだけ早めにとるように。

実は早めにとるのが基本

ワンポイントアドバイス❷

木漏れ日が差す程度に

枝が込み合うと樹形が美しくなく、花つきが悪くなるので、ある程度透かすのがポイント。目安としては、木漏れ日が差す程度がよい。

枝が込んでいるようであれば、木漏れ日が差す程度に透かす

フジ

落葉樹の剪定

❷形を整える

全体のバランスを見ながら、外側の枝や樹冠を乱す枝を切り落とし、形や大きさを整える。

樹冠ラインからはみ出している枝は枝わかれしているところのすぐ上で切る

交差枝

仕上がりの樹冠ライン

剪定前

枝数が必要以上に増えて、絡んでいる部分なども多い。これでは花つきも悪くなる

※イラスト内の青色の線は剪定箇所の一例、オレンジ色の点線はここで紹介している仕上がりの樹冠ライン例

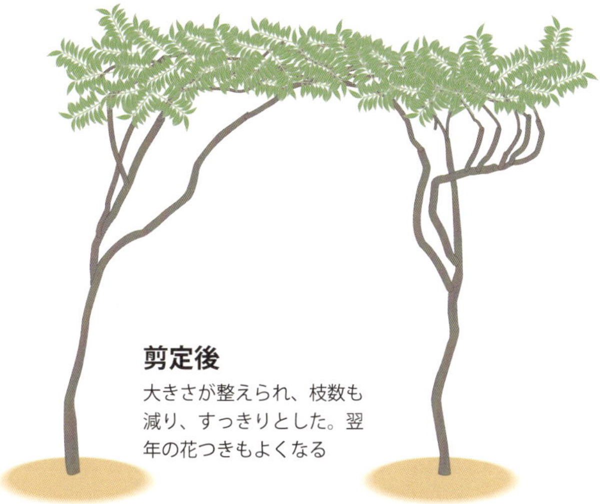

剪定後

大きさが整えられ、枝数も減り、すっきりとした。翌年の花つきもよくなる

ポイント

- 長枝には花芽がつきにくいので、短枝を残して長枝を切るのが基本
- 実をつけたままにしておくと樹勢が弱るため、花柄や実は早めにとる
- 樹形を整える剪定は2～3月ごろに行う（花を楽しみたければできるだけ花芽を残すこと）。また、夏ごろにそれまでに伸びた枝を整理すると1年を通して、大きさや樹形を維持できる

ボケ

【木瓜】 バラ科ボケ属
（別名）カラボケ

さまざまな品種がある代表的な花木

もともとは中国原産ですが、日本での歴史も古く、平安時代に渡来したといわれています。日本に自生していた「クサボケ」もあり、秋に咲くもの、八重咲きのものなど品種もさまざま。バラ科だけに美しい花が咲き、庭木の定番として親しまれています。日当たりや風通しのよい場所を好み、日当たりが悪いと花つきが悪くなります。

大きさ	株立ち1.5～2.5m	**仕立て方**	自然樹形
花色	白、ピンク、赤	**耐陰性**	普通
実色	緑～黄	**耐寒性**	強い

	1	2	3	4	5	6	7	8	9	10	11	12
観賞	■	■	■	■						■	■	■
剪定	■	■	■	■							■	■
花芽							■	■	■			

観賞：■ 花　剪定：■ 最適期　■ 可能期　花芽：■ 付期

基本の剪定（落葉期）

❶ 不要な枝を切り落とす

込み合った枝や内向枝、交差枝などの不要枝（→P.12）は切り落としてすっきりさせる。

内向枝は樹形を乱すので、基本的に剪定の対象になる

ワンポイントアドバイス❶

立ち数を減らす

株立ちは、ある程度、立ち数を限定するとすっきりとして美しい。ひこばえが生えやすいので、伸ばしたい幹となるものだけを残して、不要なものを切り落とす。

ワンポイントアドバイス❷

数節残して切る

短枝に花がつきやすい樹木。花つきをよくするためには枝を数節残して切り、短枝を増やすとよい。

数節残して切り落とし、短枝を増やすと、花つきがよくなる

ポイント

- 生育旺盛で枝数も多い。込み合った枝を間引くのが基本
- 短枝に花がつきやすいので、花つきをよくするためには、短枝を増やすとよい
- 翌年の花つきのことを考えると、実はとったほうがよい

❷形を整える

全体のバランスを見ながら、外側の枝や樹冠を乱す枝を切り落として、形や大きさを整える。高さを維持したい場合や小さくまとめたい場合は、主幹を節（枝わかれしているところ）のすぐ上で切る。

樹冠ラインからはみ出している枝は切り落とす

仕上がりの樹冠ライン

剪定前

生育旺盛な樹木。放任すると、枝数が増えて雑然とした雰囲気になる。高さも高くなりやすい

※イラスト内の青色の線は剪定箇所の一例、オレンジ色の点線はここで紹介している仕上がりの樹冠ライン例

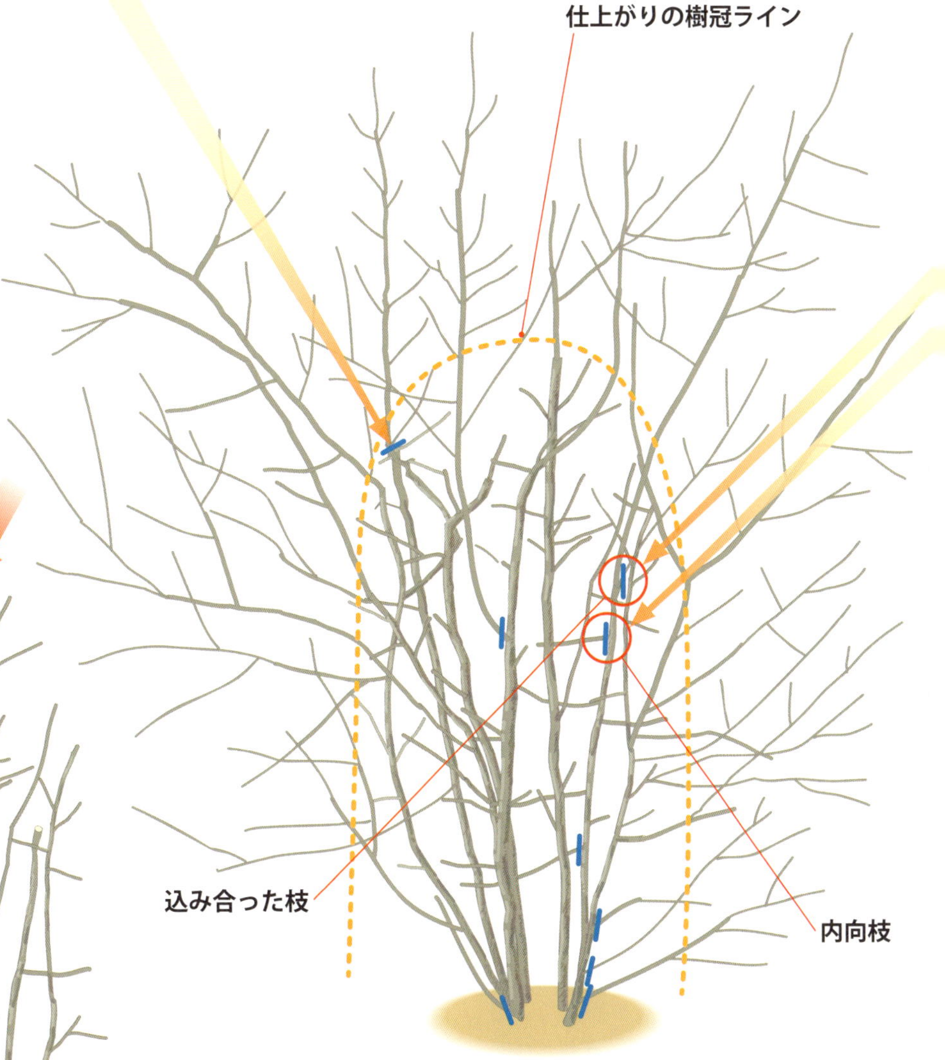

ボケ

落葉樹の剪定

込み合った枝

内向枝

剪定後

不要な枝が整理されて、かなりさっぱりとした。高さも状況に合わせたものになった

ワンポイントアドバイス❸

花後も枝を整理する

1年を通して、美しい樹形を楽しみたければ、花後にも剪定すること。花後の剪定も、伸びて樹冠ラインからはみ出した枝や込み合った部分を切り落とすのが基本。また、花後に実がなるが、放任すると養分をとられてしまい、翌年の花つきが悪くなるので、早めに切り落とす。

花後には樹冠からはみ出している枝を切る

基本の剪定（落葉期）

❶不要な枝を切り落とす

込み合った枝やひこばえ、内向枝などの不要枝（→P.12）は切り落としてすっきりさせる。

ひとつの節から多くの枝が出ている場合は、枝を切って整理する

ひこばえが生えている場合は、つけ根から切り落とす

❷形を整える

全体のバランスを見ながら、外側の枝や樹冠を乱す枝を切り落として、形や大きさを整える。

樹冠ラインからはみ出している太枝は、樹冠ラインより数節内側で切る

マメザクラ

【豆桜】　バラ科サクラ属
《別名》フジザクラ

富士山麓に自生する小さめのサクラ

別名の「フジザクラ」の名前のとおり、富士山麓を中心に自生しているサクラです。早春にピンクや白色をした、直径2cmほどの小輪のかわいらしい花を咲かせます。

小型でそれほど大きくならないこと、挿木が可能なことなどから、家庭用の庭木として広く使われているほか、植物園などでもよく植栽されています。

大きさ 広卵形3〜5m	**仕立て方** 自然樹形
花　色 白、ピンク	**耐陰性** 普通
実　色 黒紫	**耐寒性** 普通

	1	2	3	4	5	6	7	8	9	10	11	12
観賞			■	■								
剪定	■	■			■	■					■	■
花芽							■	■	■			

観賞：■花　剪定：■最適期　■可能期　花芽：■付期

64

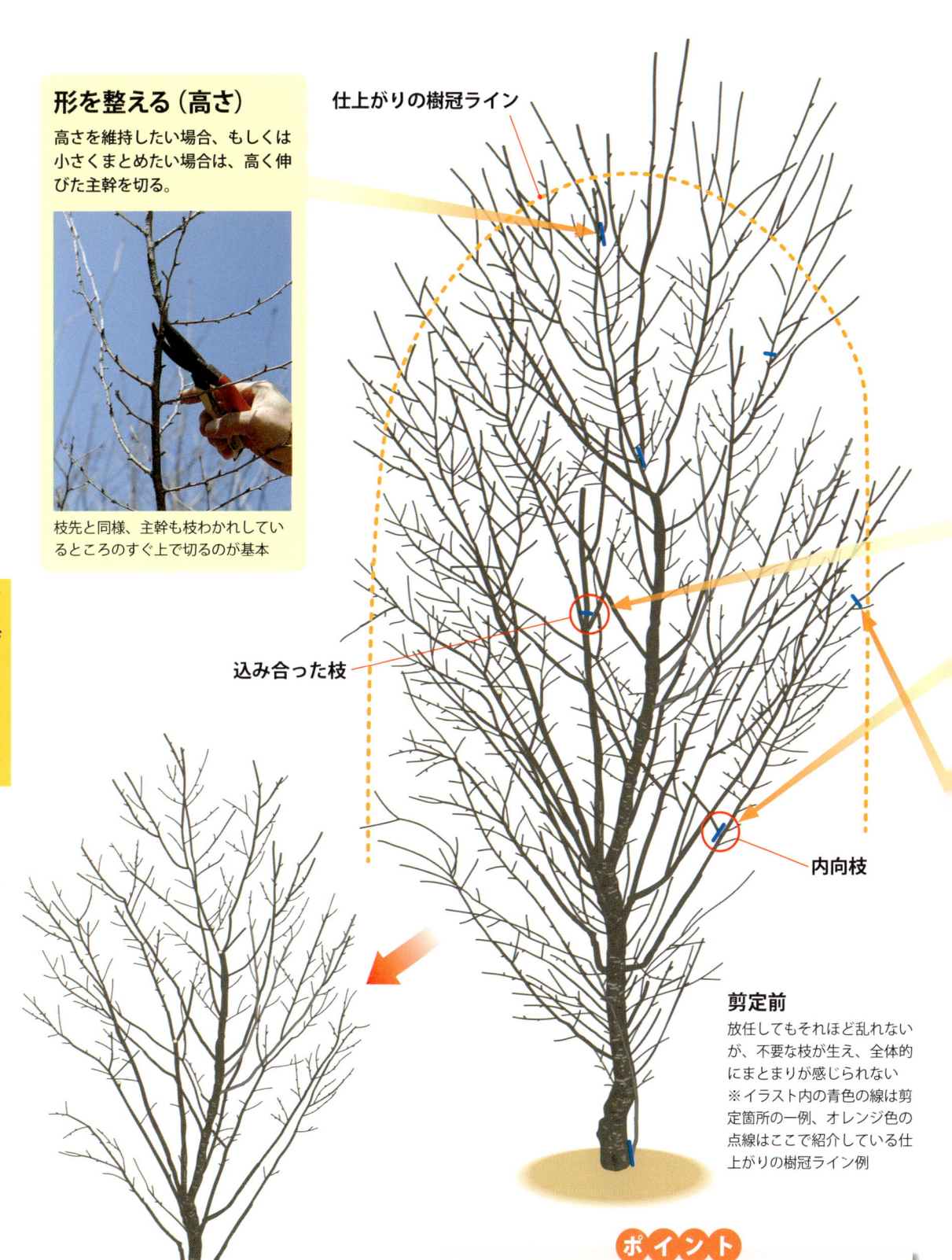

形を整える（高さ）

高さを維持したい場合、もしくは小さくまとめたい場合は、高く伸びた主幹を切る。

枝先と同様、主幹も枝わかれしているところのすぐ上で切るのが基本

仕上がりの樹冠ライン

込み合った枝

内向枝

剪定前
放任してもそれほど乱れないが、不要な枝が生え、全体的にまとまりが感じられない
※イラスト内の青色の線は剪定箇所の一例、オレンジ色の点線はここで紹介している仕上がりの樹冠ライン例

剪定後
根元付近をはじめ、全体的にすっきりとした。高さもコンパクトにまとまった

マメザクラ

落葉樹の剪定

ポイント

- 放任しても、それほど樹形は乱れない。剪定は、軽い透かし剪定もしくは大きさをまとめたい場合に行う程度でもよい
- マメザクラはサクラの仲間では比較的剪定に強いほうの樹木。剪定の方法は、基本的にはそのほかのサクラの仲間も同様だが、マメザクラ以外の樹種は剪定に強くないので、切りすぎに要注意

マンサク

【満作】 マンサク科マンサク属
《別名》 ソネ

黄色いリボンのような花が春の訪れを告げる

日本各地の山林に多く自生し、葉に先駆けて黄色いリボンのような個性的な花を咲かせます（赤い花の品種もあります）。花が咲く時期は早春で、名前の由来のひとつに、ほかの花に先んじて「まず咲く」が東北地方で訛ったものという説もあります。比較的寒さに強い樹木ですが、乾燥にはそれほど強くありません。

大きさ 株立ち3～5m		**仕立て方** 自然樹形	
花 色 黄、赤		**耐陰性** 普通	
実 色 ―		**耐寒性** 強い	

	1	2	3	4	5	6	7	8	9	10	11	12
観賞		■	■									
剪定			■	■	■	■	■				■	■
花芽								■	■	■		

観賞：花　剪定：■最適期　■可能期　花芽：付期

基本の剪定（花後）

❶ 不要な枝を切り落とす

込み合った枝やひこばえ、内向枝などの不要枝（→P.12）は切り落としてすっきりさせる。

内向枝は樹形を乱すので、基本的に剪定の対象になる

ひこばえが生えている場合は、つけ根から切り落とす

ポイント

- 放任しても、樹形はそれほど乱れない。ただし、横に広がりやすい品種もあるので、スペースに限りがある場合は、樹冠を整える剪定が必要になる
- ほかの多くの樹木と違い、実をとらなくても翌年の花つきにはそれほど影響しない
- 市販されているものは接ぎ木のものが多く、その場合、台木から元種の枝が生えてくることもある。台木から枝が生えてきたら早めに切る
- 骨格をつくりなおしたい場合などは落葉期に剪定を行う

形を整える（高さ）

高さを維持したい場合、もしくは小さくまとめたい場合は、高く伸びた主幹を切る。

枝先と同様、主幹も枝わかれしているところのすぐ上で切り戻すのが基本

仕上がりの樹冠ライン

剪定後
根元付近をはじめ、全体的にすっきりした

マンサク

落葉樹の剪定

❷ 形を整える

全体のバランスを見ながら、外側の枝や樹冠に影響する枝を切り落として、形や大きさを整える。

枝先を切るなどして形や大きさを整える。枝わかれしているところのすぐ上で切るのが基本

込み合った枝

剪定前
放任してもそれほど樹形は乱れないが、枝葉が込み合い、必要以上に大きくなってしまうこともある
※イラスト内の青色の線は剪定箇所の一例、オレンジ色の点線はここで紹介している仕上がりの樹冠ライン例

内向枝

ひこばえ

ムクゲ

【槿、木槿、無窮花】 アオイ科フヨウ属
《別名》ハチス

丈夫で育てやすく剪定も簡単な夏の花木

ハイビスカスに似た大きな花が咲く、夏を彩る代表的な樹木です。次々と花芽をつけるので、花を楽しめる時期が長いのが特徴。丈夫で育てやすく、強剪定にも耐えられるので、庭木にとても適しています。原産はインド・中国とされていますが、日本でも江戸時代から親しまれており、韓国では国花とされています。

大きさ	広卵形2～4m	仕立て方	自然樹形
花色	白、ピンク、紫	耐陰性	普通
実色	―	耐寒性	強い

	1	2	3	4	5	6	7	8	9	10	11	12
観賞							■	■	■			
剪定		■	■							■	■	
花芽												

観賞：花　剪定：最適期　可能期

基本の剪定（落葉期）

❶不要な枝を透かす

込み合った枝や内向枝、交差枝などの不要枝（→P.12）は切り落としてすっきりさせる。主幹から枝がよく生えるので、間隔が狭いところ、ひとつの節から多数の枝が生えているところなどは整理する。

主幹から生えている枝が込み合っている場合は、つけ根から切って整理する

ひとつの節から多くの枝が出ている場合は、枝数を減らす

❷形を整える

全体のバランスを見ながら、外側の枝や樹冠を乱す枝を切り落として、形や大きさを整える。高さを維持したい場合や小さくまとめたい場合は、**主幹を節（枝わかれしているところ）のすぐ上で切る。**

主幹から樹冠ラインからはみ出るような太い枝が生えやすい樹木。つけ根から切って形を整える

ワンポイントアドバイス

大胆に切り詰めてもOK

とても丈夫で、強めの剪定にも耐えられる。小さくまとめたければ、大胆に切り詰めてしまってもよい。太い枝を切っても、樹木にダメージを与えることは少ない。

太い枝でも樹形を乱すようであれば、切ってしまって構わない

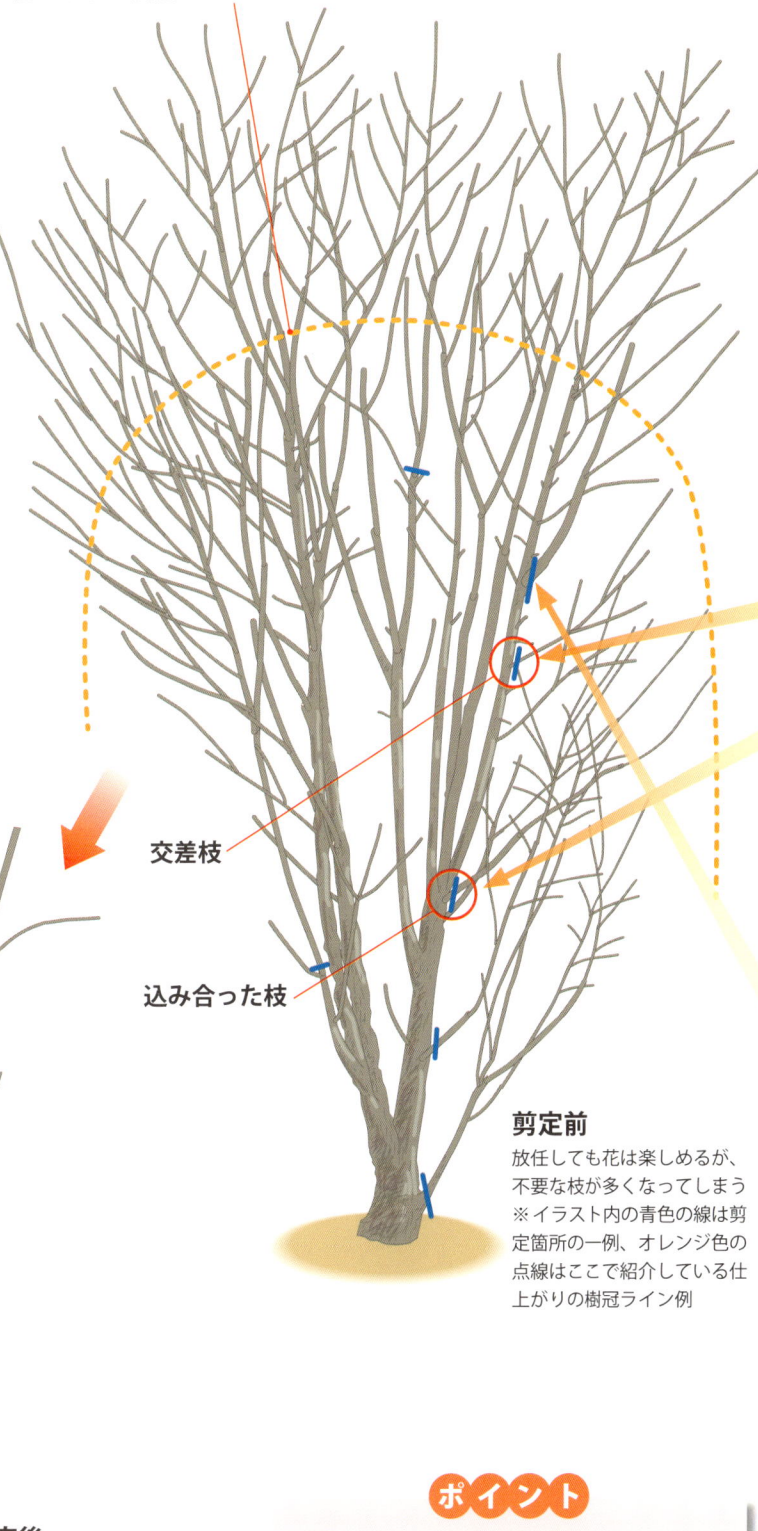

ムクゲ / 落葉樹の剪定

仕上がりの樹冠ライン

交差枝

込み合った枝

剪定前
放任しても花は楽しめるが、不要な枝が多くなってしまう
※イラスト内の青色の線は剪定箇所の一例、オレンジ色の点線はここで紹介している仕上がりの樹冠ライン例

剪定後
生育旺盛なので、ある程度大胆に切ってしまってもOK。大きさを制限しやすいのが、魅力のひとつ

ポイント
- 萌芽力が強く、生育旺盛な樹木。ある程度大胆に剪定してもよく花が咲く
- 生垣やスタンダード仕立てにすることもできる
- 花芽は春から伸びた新梢につくので、落葉期に剪定すると、花芽を気にする必要がない

69

ユキヤナギ

【雪柳】 バラ科シモツケ属
《別名》 コゴメバナ、コゴメヤナギ、コゴメザクラ

長く伸びた枝に咲く白い花がまるで雪のように美しい

開花時期の春になると、長く伸びた枝に小さな白い花がびっしりと咲き、まるで雪の積もった柳のように見えます。強健な性質で、とても育てやすい樹木です。

原産地は日本で、古くから庭木や生け花に利用されてきました。関東以南の川沿いなどに自生していますが、最近ではその育成地が減少しつつあります。

大きさ	株立ち1～2m	仕立て方	自然樹形
花 色	白、ピンク	耐陰性	普通
実 色	—	耐寒性	強い

	1	2	3	4	5	6	7	8	9	10	11	12
観賞			■	■								
剪定	■	■	■	■						■	■	■
花芽							■	■	■			

観賞：■花　剪定：■最適期　■可能期　花芽：■付期

基本の剪定（花後）

❶不要な枝を切り落とす

込み合った枝や内向枝、交差枝などの不要枝（→P.12）は切り落としてすっきりさせる。

主幹付近が込み合っている場合は、不要な枝を枝わかれしているところのすぐ上から切る

❷形を整える

全体のバランスを見ながら、外側の枝や樹冠を乱す枝を切り落とすなどして、形や大きさを整える。

枝先を切り落として大きさを整える

ポイント

- 萌芽力が強いので、強い剪定にも耐えられる。株を更新したい場合や小さくまとめたい場合は、地際近くで切ってもよい
- 枝が多くなりがちな樹木。込み合った部分は枝数を減らして、すっきりさせる
- ひこばえが気になるようであれば、こまめに整理する
- 骨格をつくりなおしたい場合などは落葉期に剪定を行う

ワンポイントアドバイス❷

地際で切る

萌芽力が強く、剪定に神経質になる必要はない樹木。株を更新したい場合などは、すべての枝を地際で切ってしまっても、また新梢が生えてくる。

株を更新したい場合は、大胆に地際付近で切る

仕上がりの樹冠ライン

込み合った枝

ユキヤナギ

落葉樹の剪定

剪定前
枝数が多く、不規則に伸び、雑然としたイメージを与える
※イラスト内の青色の線は剪定箇所の一例、オレンジ色の点線はここで紹介している仕上がりの樹冠ライン例

株を更新したい場合の仕上がりの樹冠ライン

ワンポイントアドバイス❶

立ち数を減らす

立ち数はある程度整理したほうが美しい。多いようであれば、根元から切って数を減らす。

立ち数を整理する場合は、根元から切る

好みにもよるが、立ち数をこれぐらいでよい

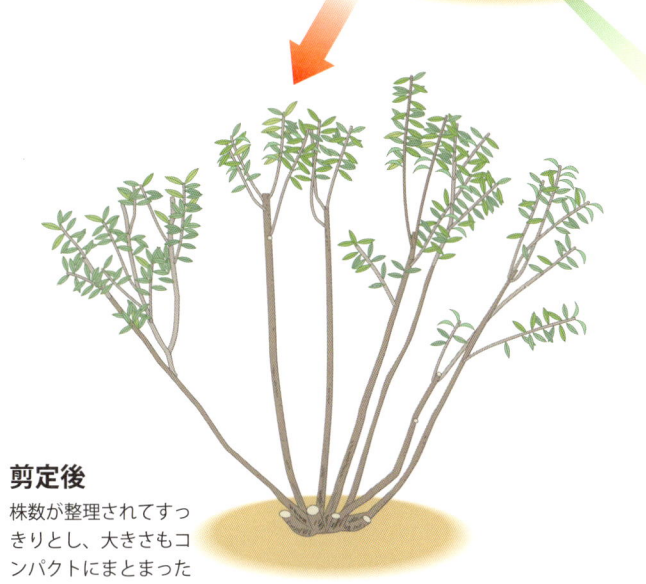

剪定後
株数が整理されてすっきりとし、大きさもコンパクトにまとまった

基本の剪定（花後）

❶不要な枝を切り落とす

込み合った枝やひこばえ、内向枝などの不要枝（→P.12）は切り落としてすっきりさせる。

込み合った部分は、枝を切り落としてすっきりさせる

ひこばえは、つけ根から切り落とす

ワンポイントアドバイス

花柄を摘む

花後に剪定する場合は、残っている花柄を必ず摘むように。その際、花柄の真下ではなく、一節下でとるのがポイント。真下だと、その年に花芽になりかけた悪い芽が残る可能性がある。

花柄は、その一節下で切り落とす

ライラック

【一】 モクセイ科ハシドイ属
《別名》リラ、ムラサキハシドイ

穂のような小花から香水のような芳香が漂う

ヨーロッパ原産の落葉樹で、樹高は2～4m。春に小花が集まって咲き、穂のようになります。その花からはとてもよい香りがし、香水の原料にもなるほど。性質は寒さに強く、北海道札幌市の市の木に指定されています。反面、高温多湿を苦手としていましたが、最近では暑さに耐えられる品種も市販されています。

大きさ	倒卵形 2～4m	仕立て方	自然樹形
花 色	紫、ピンク、白	耐陰性	普通
実 色	—	耐寒性	強い

	1	2	3	4	5	6	7	8	9	10	11	12
観賞				■	■							
剪定	■	■	■			■					■	■
花芽						■	■	■	■			

観賞：■花　剪定：■最適期　■可能期　花芽：■付期

❷形を整える

全体のバランスを見ながら、外側の枝や樹冠を乱す枝を切り落として、形や大きさを整える。高さを維持したい場合や小さくまとめたい場合は、主幹を切る。

枝先を切るなどして形や大きさを整える。枝わかれしているところのすぐ上で切るのが基本

仕上がりの樹冠ライン

ライラック

落葉樹の剪定

込み合った枝

剪定後
不要な枝が整理され、すっきりとした樹形に。大きさもコンパクトにまとまった

交差枝

剪定前
放任してもそれほど樹形は乱れないが、枝が込み合い、不均一な部分ができてしまう
※イラスト内の青色の線は剪定箇所の一例、オレンジ色の点線はここで紹介している仕上がりの樹冠ライン例

ポイント

- 放任してもそれほど樹形は乱れない。剪定は込み合った部分を透かす程度でもよい
- 花芽は冬にもついている。花数を減らしたくなければ、剪定は花後すぐに行う。花数を気にしなければ、1〜2月がベスト
- 花後に剪定を行う場合は花柄を摘む
- ひこばえが生えやすい。気になるようであればこまめに切る

レンギョウ

【連翹】 モクセイ科レンギョウ属
（別名）―

早春を鮮やかに彩る枝いっぱいの黄色い小花

レンギョウとは、狭義にはレンギョウ属の種のひとつとしてのレンギョウ（学名：Forsythia suspensa）を指しますが、広義にはモクセイ科レンギョウ属の種の総称であり、一般的には後者で使用されます。

もっともよく見られるのはチョウセンレンギョウで、早春に枝いっぱいに黄色い小花をつけます。

大きさ 株立ち1.5～3m		**仕立て方** 自然樹形、生垣
花　色 黄		**耐陰性** 普通
実　色 ―		**耐寒性** 強い

	1	2	3	4	5	6	7	8	9	10	11	12
観賞			■	■								
剪定	■	■	■	■	■	■	■	■	■	■	■	■
花芽								■	■	■		

観賞：■花　剪定：■最適期　■可能期　花芽：■付期

刈り込み剪定（花後）

刈り込みバサミで刈り込む

刈り込みバサミを使用して、大きさや樹冠を整えながら新梢を切り落としていく。刈り終わったら一度遠くから見て、樹冠ラインを整えると、よりきれいな仕上がりとなる。

萌芽力は強いので、ある程度強めに刈り込んでもOK

はみ出した枝を切り落とす

刈り込み剪定後、樹冠ラインからはみ出ている太めの枝があるようであれば、切り落とす。太い枝はほかの枝よりも生長が早い傾向があるので、樹冠ラインよりも数節内側で切るのがポイント。また、状況によっては、刈り込み剪定の前に、太めの枝を切り落としておいてもよい。

太めの枝は、樹冠ラインよりも内側の節（枝わかれしているところ）のすぐ上で切る

ポイント

- 萌芽力が強く、強めの剪定にも耐えられる。刈り込み剪定にも適している
- 形や大きさ以外の面では、それほど手入れを必要としない樹木。ただし、内側の込み合った部分を整理して、風通しや日当たりをよくすると、ふところにも花が咲くことを期待できるようになる
- 骨格をつくりなおしたい場合などは落葉期に剪定を行う

仕上がりの樹冠ライン

レンギョウ

落葉樹の剪定

剪定前
枝数が多く、不規則に伸び、雑然としたイメージを受ける
※イラスト内の青色の線は剪定箇所の一例、オレンジ色の点線はここで紹介している仕上がりの樹冠ライン例

剪定後
大きさをコンパクトにまとめた。また、ここでは不要枝を中心に枝葉の数を整理した

ワンポイントアドバイス

枝数を減らして花数を増やす

レンギョウは強めの剪定にも耐えられる樹木。不要枝（→P.12）を中心に内側の込み合った部分を整理して、大胆に透かしても樹にダメージを与えることは少ない。逆にそうすることによって、ふところにも日が差し、花が咲くことを期待できる。

下の写真のように、内側の込み合った部分を切って枝葉を減らすと、ふところに花が咲くことも期待できる

75

ロウバイ

【蝋梅】 ロウバイ科ロウバイ属
《別名》—

寒い時期に咲き
正月に飾る花としても有名

中国原産の落葉樹で、諸説ある名前の由来のひとつが、太陰暦の蝋月（12月）に、梅に似た形の花（花色は透明感のある黄色）を咲かせるからというもの。その花からは甘い香りがし、正月に飾る花としても重宝されています。

土壌をあまり選ばず、病虫害の心配もとくにない、育てやすい樹木です。

大きさ	株立ち3〜5m	仕立て方	自然樹形
花色	黄	耐陰性	普通
実色	—	耐寒性	普通

	1	2	3	4	5	6	7	8	9	10	11	12
観賞	■	■										■
剪定	■	■	■	■							■	■
花芽							■	■	■			

観賞：■花　剪定：■最適期　■可能期　花芽：■付期

基本の剪定（落葉期）

❶不要な枝を切り落とす

込み合った枝や幹吹き、内向枝などの不要枝（→P.12）は切り落としてすっきりさせる。主幹から生えている枝の間隔が狭いようであれば、太い枝であっても切り落とす。

込み合った枝は切り落として整理する

主幹から生えている枝が込み合っている場合は、太い枝であっても、つけ根から切って整理する

ワンポイントアドバイス

立ち数を減らす

株立ちのものは、株全体が込み合っているようであれば、立ち数を減らして、風通しや日当たりをよくする。そうすることによって、ふところにも花が咲くことが期待できるようになる

立ち数を整理する場合、不要な幹は根元から切る

ロウバイ

落葉樹の剪定

仕上がりの樹冠ライン

込み合った枝

内向枝

❷形を整える

全体のバランスを見ながら、外側の枝や樹冠を乱す枝を切り落として、形や大きさを整える。高さを維持したい場合や小さくまとめたい場合は、主幹を切る。

枝先を切るなどして形や大きさを整える。節（枝わかれしているところ）のすぐ上で切るのが基本

剪定前
放任しても樹全体としてはそれほど乱れないが、根元付近にはひこばえが生え、雑然とした印象を受ける
※イラスト内の青色の線は剪定箇所の一例、オレンジ色の点線はここで紹介している仕上がりの樹冠ライン例

剪定後
不要な枝が整理され、すっきりとした。花つきがよくなることも期待できる

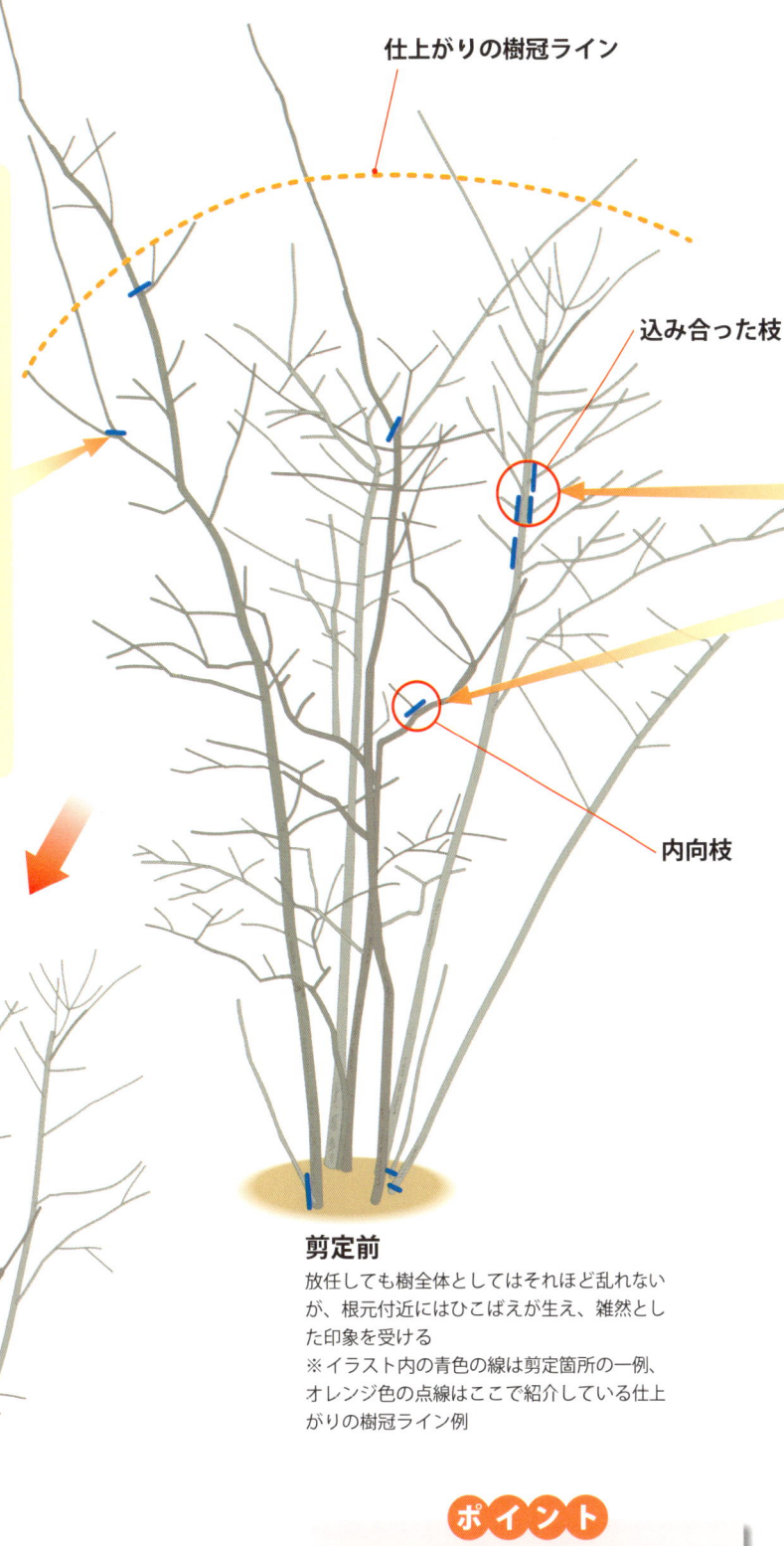

ポイント
- 放任してもそれほど乱れない。剪定は込み合った部分を透かす程度でもよい
- ひこばえが生えやすい。不要であれば早めに切り落とす

エゴノキ

【野茉莉】 エゴノキ科エゴノキ属
《別名》チシャノキ、ロクロギ

白い清楚な花と幹の鮮やかなコントラスト

日光を好み、暗い林内では発芽しないといわれています。濃い茶色の幹色が美しく、春には白い清楚な花（桃色の花を咲かせる園芸品種もある）を枝いっぱいに咲かせます。なお、エゴノキという名は、果実を口に入れると、喉や舌を刺激してえぐいことに由来するといわれています。

基本の剪定（落葉期）

❶ 不要な枝を切り落とす

込み合った枝や幹吹き、交差枝などの不要枝（→P.12）は切り落としてすっきりさせる。

込み合った枝

幹吹きは通常、剪定の対象に考えてよい

仕上がりの樹冠ライン

幹吹き

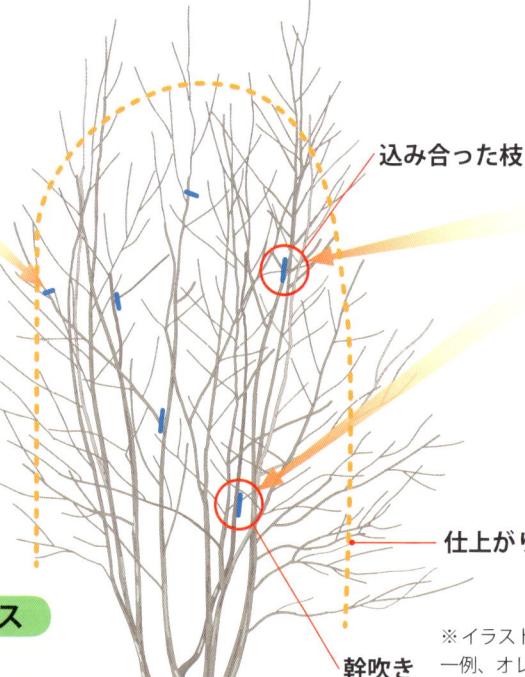

※イラスト内の青色の線は剪定箇所の一例、オレンジ色の点線は仕上がりの樹冠ライン例

❷ 形を整える

全体のバランスを見ながら、外側の枝や樹冠を乱す枝を切り落として、形や大きさを整える。高さを維持したい場合や小さくまとめたい場合は、主幹を切る。

枝先を切るなどして形や大きさを整える。節（枝わかれしているところ）のすぐ上で切るのが基本

ワンポイントアドバイス

立ち数を減らす

全体が込み合っているようであれば、根元から切って、立ち数を減らしてもよい。

ポイント

- 放任してもそれほど樹形は乱れないので、剪定は不要な枝の整理や形を整えるだけでもよい
- 枝を透かす場合は、葉が茂ったときの樹全体の明るさが均一になるようなイメージを持って行う

大きさ	広卵形 4〜5m
花色	白、ピンク
実色	黒
仕立て方	自然樹形、株立ち
耐陰性	やや弱い
耐寒性	強い

	1	2	3	4	5	6	7	8	9	10	11	12
観賞					花			実	実	実		
剪定	最適期	最適期	可能期									可能期
花芽								付期	付期	付期		

観賞：■花 ■実　剪定：■最適期 ■可能期　花芽：■付期

ガマズミ

【莢迷】 スイカズラ科ガマズミ属
《別名》 ビバーナム

鮮やかな赤色の実が秋空に映える

原産地は日本で、郊外の雑木林でもよく見かける落葉低木です。5月下旬から6月上旬にかけて白い小花をアジサイのようにかたまって咲かせ、秋には赤色をした実をつけます。その実は果実酒などに利用可能であり、楽しみの多い樹木です。

エゴノキ／ガマズミ

落葉樹の剪定

基本の剪定（落葉期）

仕上がりの樹冠ライン

込み合った枝

ひこばえ

❷ 形を整える

外側の枝や樹冠を乱す枝を切り落として、形や大きさを整える。全体のバランスを考慮しながら作業を進めるように心がける。

樹冠ラインからはみ出している太枝は、樹冠ラインより内側で切る

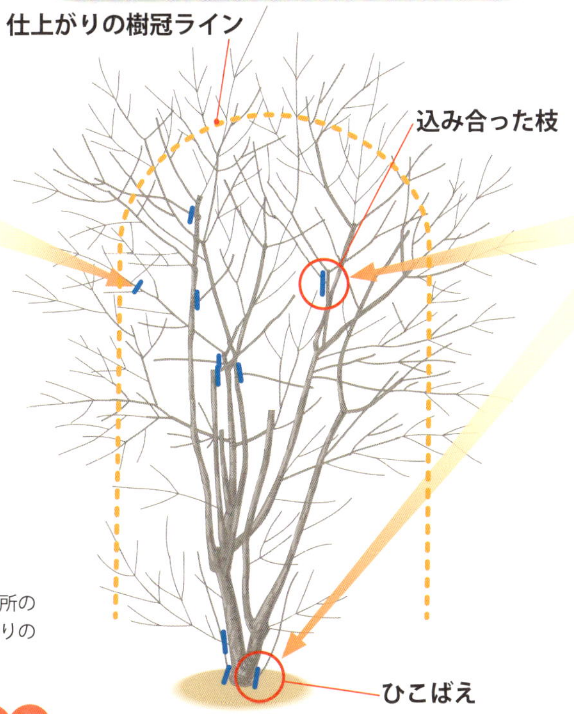

※イラスト内の青色の線は剪定箇所の一例、オレンジ色の点線は仕上がりの樹冠ライン例

❶ 不要な枝を切り落とす

込み合った枝や幹吹き（→P.12）などの不要枝を切って、すっきりさせる。ひこばえが生えやすいので、あればつけ根から切り落とす。

枝が密集している、込み合った部分は整理する

ポイント

- 放任しても、それほど樹形は乱れないので、剪定は不要な枝の整理や形を整えるだけでもよい
- ひこばえが生えやすい。根元付近の不要な枝は早めに切り落とす
- ガマズミの仲間にはいろいろな種類があるが、剪定については、いずれも同じように考えてよい
- 花は枝先につくことが多いので、開花前には枝を切らないほうがよい

大きさ	株立ち2〜4m	仕立て方	自然樹形
花色	白、ピンク	日当たり	陽樹
実色	赤、青	耐寒性	普通

	1	2	3	4	5	6	7	8	9	10	11	12
観賞					■	■				■	■	■
剪定	■	■	■								■	■
花芽							■	■	■			

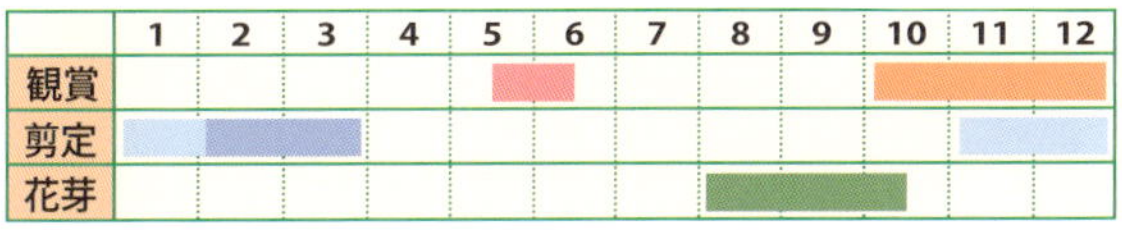

観賞：■花 ■実　剪定：■最適期 ■可能期　花芽：■付期

シデコブシ

【幣辛夷】 モクレン科モクレン属
《別名》ヒメコブシ、ベニコブシ

狭い空間でも楽しめる小型で可憐な花

岐阜・愛知県の低山帯の湿地に多く自生する、日本原産の樹木。自生のものは絶滅危惧種に指定されています。小型で可憐な花は、色や形が豊富で、いろいろな園芸品種が市販されています。コブシよりも小型で、狭い空間でも維持することができます。

基本の剪定（落葉期）

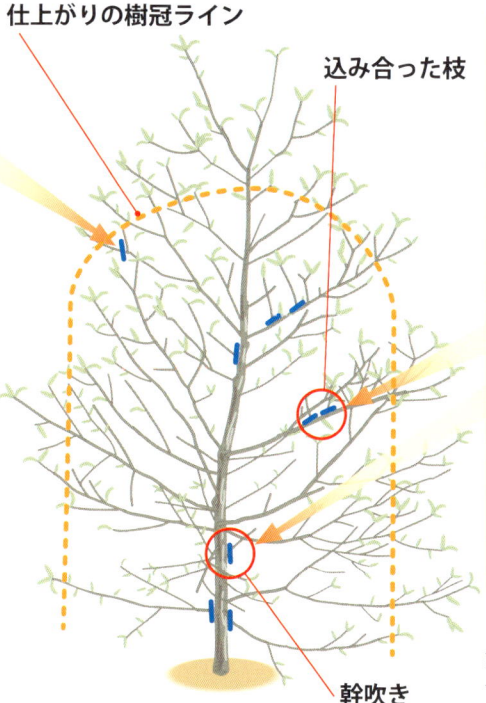

❶ 不要な枝を切り落とす

込み合った枝や幹吹きなどの不要枝（→P.12）は切り落としてすっきりさせる。

細かい枝が生えやすい樹木。込み合った枝は切って整理する

仕上がりの樹冠ライン
込み合った枝
幹吹き

※イラスト内の青色の線は剪定箇所の一例、オレンジ色の点線は仕上がりの樹冠ライン例

❷ 形を整える

全体のバランスを見ながら、外側の枝や樹冠を乱す枝を切り落として、形や大きさを整える。高さを維持したい場合や小さくまとめたい場合は、主幹を節（枝わかれしているところ）のすぐ上で切る。

枝先を切るなどして形や大きさを整える。

ワンポイントアドバイス

スペースを意識する

コブシを含むモクレン科の樹木は、枝ぶりが美しく、それを楽しむことも目的のひとつとなる。枝ぶりの美しさを演出するためには、できるだけ空いたスペースができないように心がけよう。

ポイント

- コブシはシデコブシよりも大型だが、基本的な剪定の仕方はシデコブシと同様に考えてよい
- シデコブシを含むモクレン科の樹木は、枝ぶりも楽しみたい。枝のスペースが空いてしまわないように気をつける

大きさ	広円錐形 3〜5m	仕立て方	自然樹形
花 色	白、ピンク	耐陰性	普通
実 色	黒	耐寒性	強い

	1	2	3	4	5	6	7	8	9	10	11	12
観賞			■	■								
剪定	■	■			■	■	■	■	■	■	■	■
花芽							■	■	■			

観賞：■花　剪定：■最適期　■可能期　■不適期　花芽：■付期

ナツツバキ

【夏椿】 ツバキ科ナツツバキ属
《別名》シャラノキ

初夏に純白の花を咲かせる落葉性のツバキ

ツバキの仲間ですが、葉は肉厚ではなく、落葉性です。初夏に純白の花を咲かせます。樹皮がはがれて斑模様ができることも特徴のひとつ。花は早朝に開き、夕方に落ちる1日花。そのはかなさを表す意味で、平家物語の冒頭に出てくる沙羅双樹はナツツバキと考えられています。

シデコブシ／ナツツバキ
落葉樹の剪定

基本の剪定（落葉期）

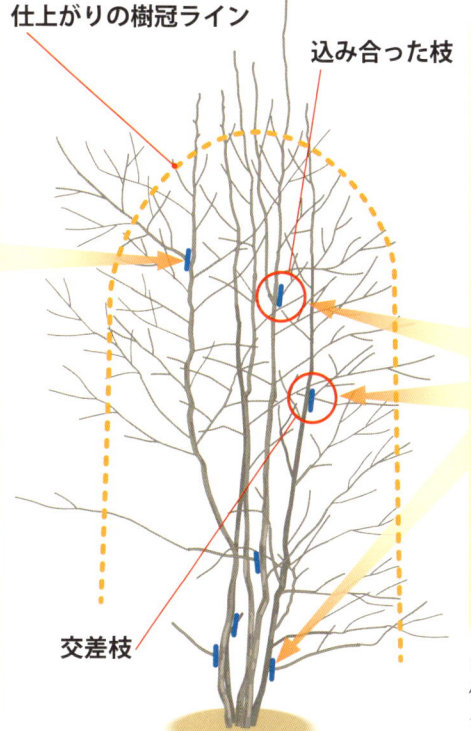

❶不要な枝を切り落とす

込み合った枝や交差枝などの不要枝（→P.12）は切り落としてすっきりさせる。根元付近の小枝も基本的には剪定の対象となる。

根元付近の小枝は基本的に不要。つけ根から切る

❷形を整える

全体のバランスを見ながら、外側の枝や樹冠を乱す枝を切り落として、形や大きさを整える。高さを維持したい場合や小さくまとめたい場合は、主幹を節（枝わかれしているところ）のすぐ上で切る。

樹冠ラインからはみ出している太枝は、樹冠より内側で切る。小さくまとめたい場合などは、写真のようにつけ根から切ってもよい。

仕上がりの樹冠ライン
込み合った枝
交差枝

※イラスト内の青色の線は剪定箇所の一例、オレンジ色の点線は仕上がりの樹冠ライン例

ポイント

- 放任してもそれほど樹形は乱れないので、剪定は不要な枝の整理や形を整える程度でもよい
- 株元をすっきりさせると、すらりとした立ち姿と幹の美しさを際立たせることができる

大きさ	卵形5〜6m		仕立て方	自然樹形、株立ち
花 色	白		耐陰性	普通
実 色	茶		耐寒性	強い

	1	2	3	4	5	6	7	8	9	10	11	12
観賞						花				紅葉		
剪定												
花芽												

観賞 ■花・紅葉 　剪定 ■最適期 ■可能期 ■不適期 　花芽 ■付期

ヤマブキ

【山吹】 バラ科ヤマブキ属
《別名》オモカゲグサ

鮮やかな黄色の花が咲く寒さに強く、丈夫な花木

「やまぶき色」という言葉があるように、花はとても鮮やかな黄色をしています。低山の明るい林の木陰などに群生していて、寒さに強く、性質は強健です。茎は細く、柔らかいのが特徴です。樹高は高くても2mぐらいにしかならないため、スペースに限りがある庭でも楽しむことができます。

基本の剪定（花後）

- 仕上がりの樹冠ライン
- 込み合った枝
- 不要な株

❶ 不要な枝を切り落とす

込み合った部分があれば、枝を切って整理する。立ち数が多く、全体的に込み合っている場合は、根元から切って数を減らす。

立ち数を減らす場合は、根元から切り落とす

❷ 形を整える

全体のバランスを見ながら、外側の枝や樹冠を乱す枝を切り落として、形や大きさを整える。

樹冠からはみ出している太い枝は、樹冠よりも数節内側で切る

※イラスト内の青色の線は剪定箇所の一例、オレンジ色の点線は仕上がりの樹冠ライン例

ポイント

- 株数が多くなる樹木。株数を制限したい場合は、株元から切って整理する
- 強健な樹木であり、強めの剪定にも耐えられる。株を更新したい場合は、すべての株を地際で切ってもよい
- 骨格をつくりなおしたい場合などは落葉期に剪定を行う

大きさ	低卵形1～2m	仕立て方	株立ち
花色	黄	耐陰性	普通
実色	—	耐寒性	強い

	1	2	3	4	5	6	7	8	9	10	11	12
観賞												
剪定												
花芽												

観賞:■花　剪定:■最適期　■可能期　花芽:■付期

常緑樹の剪定

常緑樹の剪定

常緑樹とは

常緑樹とは、1年を通して、枝に葉がついている樹木です。

花を楽しむものとしてはクチナシ、サザンカ、シャクナゲ、枝ぶりや樹形を楽しむものとしては、ソヨゴ、シマトネリコ、シラカシなどがあり、また、ピラカンサのように美しい実がなるものも人気を博しています。冬にも葉が落ちないことから、カナメモチのように生垣として利用される樹種も多くあります。ツバキのように、肉厚で光沢のある葉を持つ樹種は、葉だけでも鑑賞の価値があるといえるでしょう。

常緑樹はとくに枝葉の込み具合に気をつける。込んでいるようであれば、日当たりや風通しがよくなるように均一に透かす。写真はカラタネオガタマ（→P.100）

剪定のポイント

枝葉が込み合いすぎると、美しい樹形を楽しめないばかりか、日当たりや風通しが悪くなるため、病虫害の原因にもなります。常に葉がついている常緑樹の場合は、とくに枝葉の込み合いに気をつけましょう。

剪定の時期

一般的に、常緑樹の剪定は、早春～初夏（厳密には萌芽前または第1次の伸長後）に行うのがよいとされています。一方、NGなのは秋から冬にかけて。理由は、常緑樹（とくに常緑広葉樹）の多くは温暖な気候帯に自生するので、冬期の剪定により樹木全体が寒気に包まれると春の芽吹きなどに悪い影響を与え、場合によっては枯れ死してしまうこともあるからです。

ただし、花木については、春には花芽がついている樹種もあるため、次の花期の花つきのことを考えるならば、花後すぐに行ったほうがよいものもあります。

したがって花木については、落葉樹同様、毎年剪定していて、次の花期の花つきをよくしたい場合は花後、長年放任してしまい樹形が乱れている場合や骨格をつくりなおしたい場合などは早春～初夏に行うとよいでしょう。

ただし、樹種によって、剪定時期が異なることもあるので、それぞれの樹種については、本書に掲載したカレンダーをご参照ください。

剪定の時期は？

基本的には ➡ 樹木にダメージを与えることがなく、生長してすぐに刈りあとが目立たなくなる早春～初夏（2～6月ごろ）に行う

花木の場合には
➡ 花つきを維持したい場合は花後すぐに行い、花柄も摘む
➡ 樹形の乱れをなおす場合は基本通り早春～初夏（2～6月ごろ）に行う。ただし、花後の花柄摘みは行いたい

どんな枝を切る？

ステップ1 ➡ 込み合った枝や立ち枝などの不要枝（→P.12）を切る

ステップ2 ➡ 樹冠ラインに合わせて、外側の枝を切るなどして形や大きさを整える。枝葉が細かく萌芽力が強い樹種（イヌツゲやカナメモチなど）は刈り込み剪定でもよい

常緑樹の剪定

刈り込みバサミを使う

枝葉が細かく萌芽力が強い樹種については、形を整えるために、刈り込み剪定（→P.18）をするとより少ない手間で形を整えることができる。

花柄をとる

花木は花後に花柄をとる。これを行わないと樹勢が弱まってしまう可能性が高い。

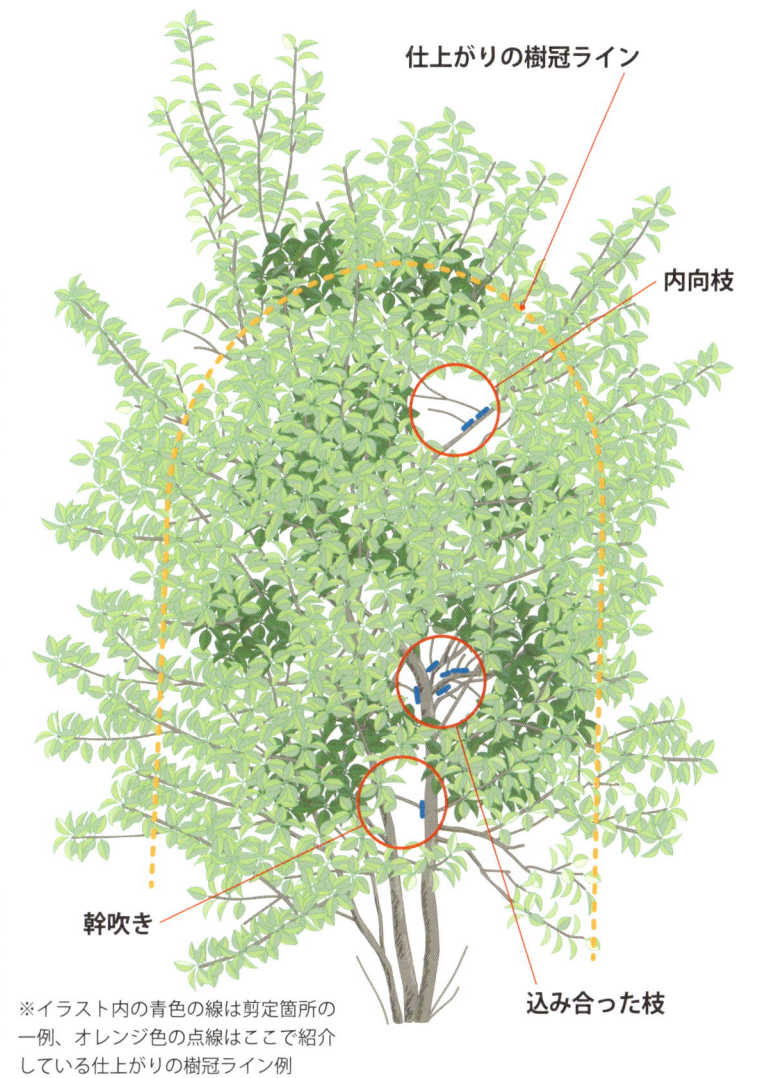

仕上がりの樹冠ライン
内向枝
幹吹き
込み合った枝

※イラスト内の青色の線は剪定箇所の一例、オレンジ色の点線はここで紹介している仕上がりの樹冠ライン例

アセビ

【馬酔木】 ツツジ科アセビ属
《別名》アシビ、アセボ

鮮やかな新芽とかわいらしい壺状の花

漢字では「馬酔木」と書きますが、これは枝葉に「アセボチン」という有毒成分を含んでいて、馬が葉を食べると中毒を起こして酔ったようになることに由来するといわれています。
3～4月ごろに壺状の小さな花がたくさん咲き、鮮やかな新芽も鑑賞の対象になります。原産地は日本で、山地に自生しています。

大きさ	広卵形 2～3m	仕立て方	自然樹形
花 色	白、ピンク	耐陰性	やや強い
実 色	―	耐寒性	強い

	1	2	3	4	5	6	7	8	9	10	11	12
観賞			■	■								
剪定	■	■	■		■	■	■	■	■	■	■	■
花芽							■	■	■	■		

観賞：■花　剪定：■最適期　■可能期　■不適期　花芽：■付期

基本の剪定（花後）

❶ 不要な枝を切り落とす

ふところに枯れ枝ができやすい樹木。枯れ枝を少なくするには、枝を透かして、風通しや日当たりをよくする。ただし、夏の強い日差しを受けると、葉が焼けるなどして樹勢が弱まるので、真夏には剪定を行わない。

枝がまとまって出るので、込み合った部分の枝数を減らす

透かす目安はふところに木漏れ日が差す程度

❷ 形を整える

全体のバランスを見ながら、外側の枝や樹冠を乱す枝を切り落として、形や大きさを整える。

節（枝わかれしているところ）のすぐ上で切りながら、形や大きさを整えていく

ポイント

● 翌年の花つきをよくするために、花後の花柄摘みを行う
● ふところに枯れ枝ができやすい。防ぐためには、枝数を減らして、ふところの日当たりや風通しをよくする
● 萌芽力は強いが、葉を残して切り戻さないと、その枝が枯れてしまうことがある

アセビ

常緑樹の剪定

剪定前
成長が遅いため、樹形自体はそれほど乱れないが、放任すると枝葉が込み合う。これではふところの枯れ枝も増えてしまう
※オレンジの点線はここで紹介している仕上がりの樹冠ライン例

剪定後
高さがひとまわり低くなった。ふところも透かしてある

ワンポイントアドバイス

花柄を摘む

花柄はできるだけ早めに摘む。花柄を残したままにしておくと、そちらに養分をとられてしまい、翌年の花つきが悪くなる可能性もある。

花柄はできるだけ早い時期に切り落とす

アベリア

【一】 スイカズラ科アベリア（ツクバネウツギ）属
《別名》ハナゾノツクバネウツギ

花期が長く刈り込み剪定も可能

アベリアという名は、本来、スイカズラ科ツクバネウツギ属に属する植物の総称ですが、一般的にはハナゾノツクバネウツギを指します。

強健な樹木で、刈り込みにも強いため、公園の生垣にもよく使われます。春から伸びる新梢に順次花芽をつけて咲くので花期が長く、春～秋に渡って鐘形の小さい花を多数咲かせます。

大きさ	低半球形 1.5～2m	仕立て方	自然樹形、生垣
花色	白、ピンク	耐陰性	普通
実色	―	耐寒性	普通

	1	2	3	4	5	6	7	8	9	10	11	12
観賞						■	■	■	■	■		
剪定		■	■	■							■	■
花芽												

観賞：■花　剪定：■最適期　■可能期

基本の剪定（春）

❶ 不要な枝を切り落とす

込み合った枝や内向枝、交差枝などの不要枝（→P.12）は切り落としてすっきりさせる。

込み合った部分は枝数を減らす。ここではよりすっきりさせるため、太枝を2本とも切った

ワンポイントアドバイス

株を更新する

萌芽力が強く、強めの剪定にも耐えられる樹木。株が古くなって花つきが悪くなったら、地際から30～50cmで切り戻して、株を更新してもよい。

❷形を整える

全体のバランスを見ながら、外側の枝や樹冠を乱す枝を切り落として、形や大きさを整える。高さを維持したい場合や小さくまとめたい場合は、主幹を節（枝わかれしているところ）のすぐ上で切る。

枝先を切るなどして形や大きさを整える。枝わかれしているところのすぐ上で切るのが基本

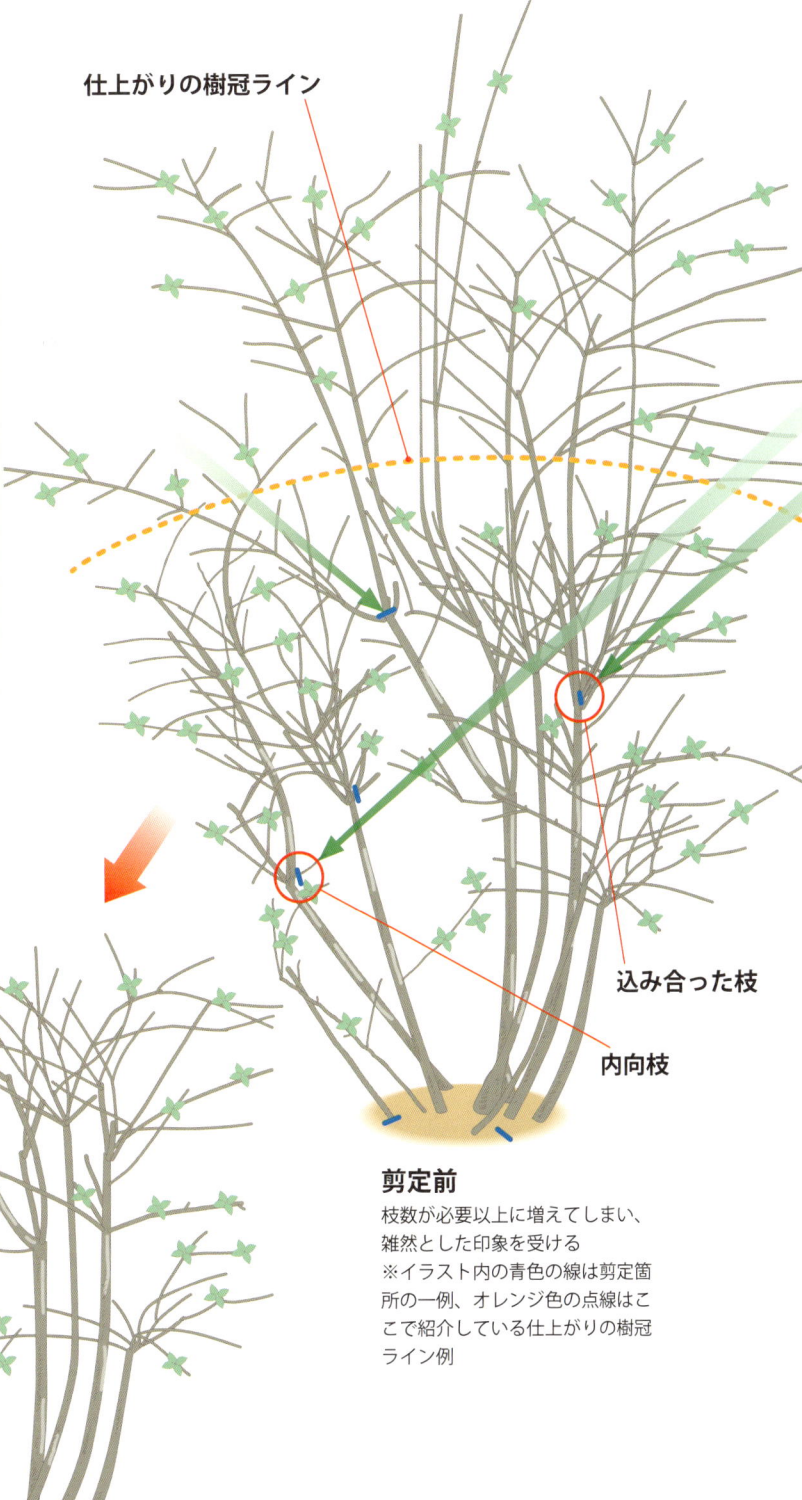

アベリア

常緑樹の剪定

仕上がりの樹冠ライン

込み合った枝

内向枝

剪定前
枝数が必要以上に増えてしまい、雑然とした印象を受ける
※イラスト内の青色の線は剪定箇所の一例、オレンジ色の点線はここで紹介している仕上がりの樹冠ライン例

剪定後
コンパクトになり、込み合った枝などが整理され、樹全体がすっきりとした

ポイント
- 萌芽力が強く、刈り込み剪定にも耐えられる
- 生育旺盛なので、樹形を整えるためにできれば年2〜3回の剪定を行いたい
- 古くなり花があまり咲かなくなったら、地際から30〜50cmで切り戻して、株を更新してもよい

アメリカヒイラギ

【柊】 モチノキ科モチノキ属
（別名）—

ノコギリのような葉を持ち生垣にもよく使われる

葉の形が特徴的な樹木。縁が鋭くとがり、鋸歯状(きょし)になっています。雌雄異株で、雌株には冬に赤い実がなり、クリスマスの飾りとして用いられます。

なお、名前にアメリカがつかないヒイラギは、別の樹木で、モクセイ科モクセイ属です。とはいえ、どちらも同じ常緑樹であり、剪定の仕方は基本的に同じです。

基本の剪定（春）

❶不要な枝を切り落とす

込み合った枝や内向枝、交差枝などの不要枝(→P.12)は切り落としてすっきりさせる。

ひとつの節から多くの枝が出ている場合は、枝を切って整理する

剪定後の様子。ふところの風通しや日当たりをよくするため、かなり枝葉を整理した

ワンポイントアドバイス

根元付近を整理する

根元付近はすっきりさせたほうが美しい。小枝が生えているようであれば、つけ根から切って整理する。

小枝

根元近くの小枝はつけ根から切って整理する

大きさ	長卵形4〜6m	仕立て方	生垣、自然樹形など
花 色	白	耐陰性	やや強い
実 色	赤	耐寒性	やや強い

	1	2	3	4	5	6	7	8	9	10	11	12
観賞										■	■	■
剪定		■	■	■	■	■	■					
花芽							■	■	■			

観賞：実　剪定：最適期　可能期　花芽：付期

❷形を整える

全体のバランスを見ながら、外側の枝や樹冠を乱す枝を切り落として、形や大きさを整える。高さを維持したい場合や小さくまとめたい場合は、主幹を節（枝わかれしているところ）のすぐ上で切る。

枝先を切るなどしながら、形や大きさを整える。枝わかれしているところのすぐ上で切るのが基本

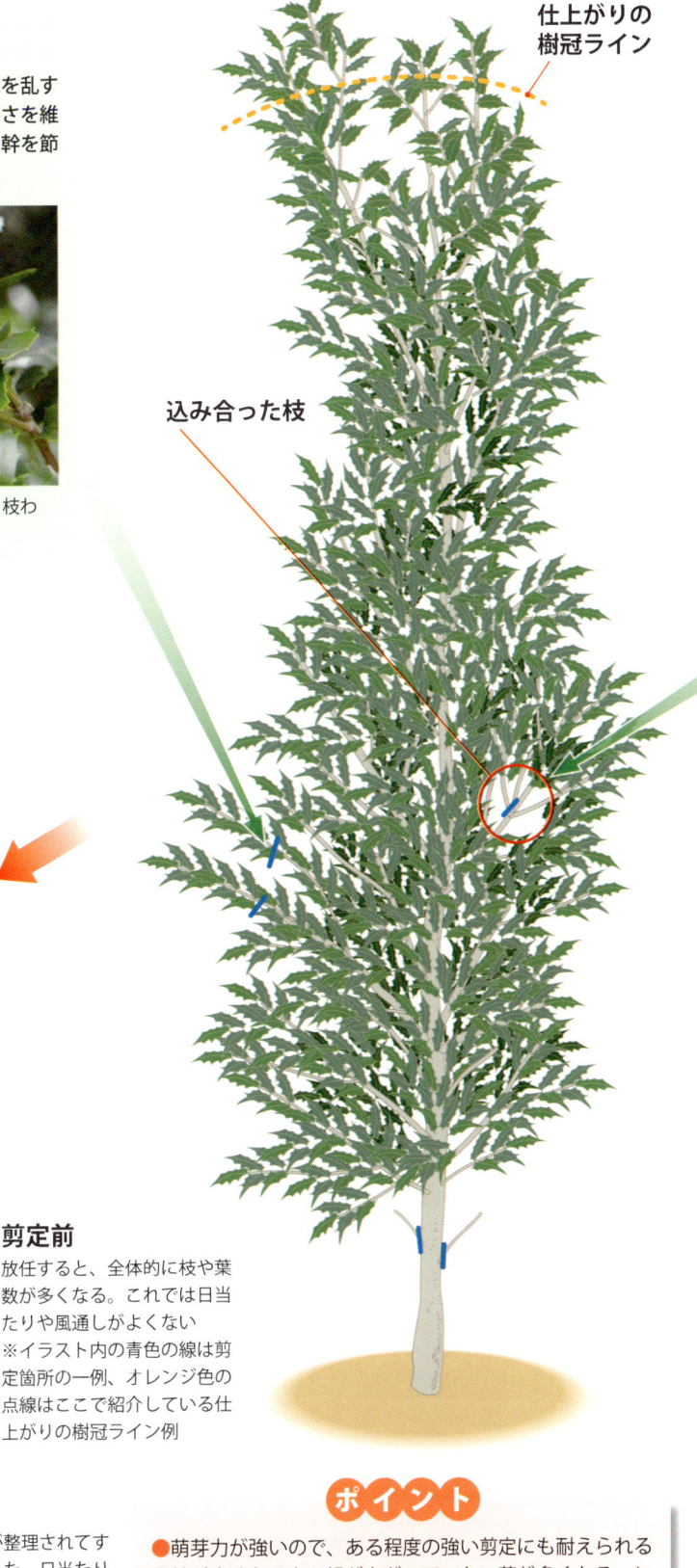

仕上がりの樹冠ライン

込み合った枝

アメリカヒイラギ

常緑樹の剪定

剪定前
放任すると、全体的に枝や葉数が多くなる。これでは日当たりや風通しがよくない
※イラスト内の青色の線は剪定箇所の一例、オレンジ色の点線はここで紹介している仕上がりの樹冠ライン例

剪定後
不要な枝が整理されてすっきりとした。日当たりや風通しがよくなり、病虫害の予防にもつながる

ポイント
- 萌芽力が強いので、ある程度の強い剪定にも耐えられる
- 枝が古くなると、縁がとがっていない葉が多くなる。ヒイラギならではのギザギザの葉を楽しみたければ、強めに切り戻して新梢を伸ばす

アラカシ

【粗樫】 ブナ科コナラ属
《別名》ナラバガシ、クロガシ

基本の剪定（花後）

❶不要な枝を切り落とす

込み合った枝や交差枝、内向枝などの不要枝（→P.12）は切り落としてすっきりさせる。

ひとつの節から多くの枝が出ている場合は、枝数を減らす

主幹からの枝が込み合っている場合は、つけ根から切り落として枝間の間隔を広げる

ワンポイントアドバイス

根元付近を整理する

根元付近はすっきりさせたほうが美しい。ひこばえはもちろんのこと、根元付近に小枝が生えているようであれば、つけ根から切って整理する。

根元付近の枝は、つけ根から切り落とす

ノコギリのような葉が特徴 秋にはドングリがなる

関東以南の各地に分布し、人里近くの雑木林に多く見られます。関西地方ではこのアラカシが多く植えられるのに対して、関東地方では同じコナラ属の仲間であるシラカシのほうがよく植えられています。

葉は楕円形で硬く、中央から先にあらい鋸歯があるのが特徴。秋には丸い形をしたドングリがなります。

大きさ	広卵形5〜8m	仕立て方	自然樹形、株立ちなど
花色	白	耐陰性	やや強い
実色	茶	耐寒性	普通

	1	2	3	4	5	6	7	8	9	10	11	12
観賞			■	■						■	■	
剪定		■	■	■			■		■	■		
花芽												

観賞：花 実　剪定：最適期 可能期 不適期

92

❷形を整える

全体のバランスを見ながら、外側の枝や樹冠を乱す枝を切り落として、形や大きさを整える。大きさを一定に保ちたい場合は、主幹や主枝を中心に切って小枝に差し替える。小枝はまとまって生えるので、数を2～3本に整理するとよい。

大きさを維持したければ、主幹や主枝を中心に切る

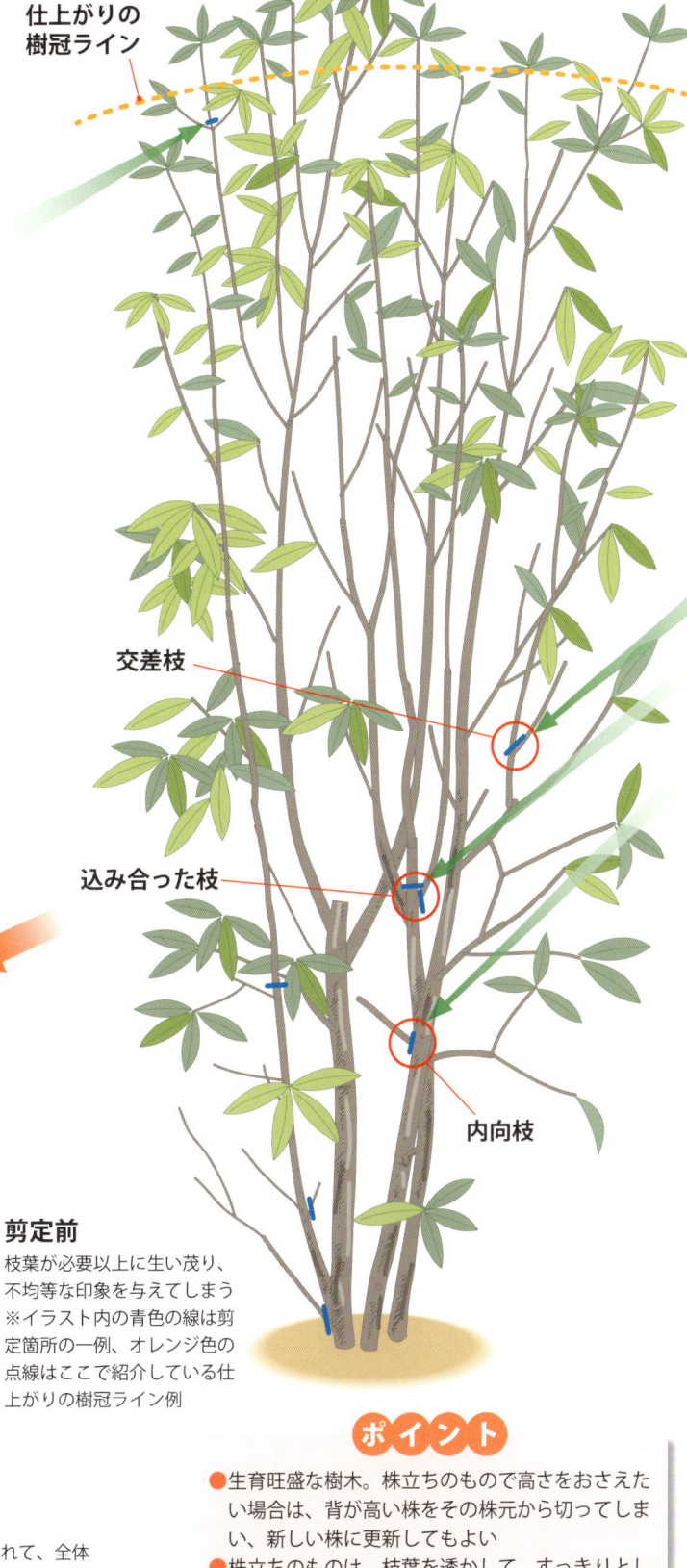

アラカシ

常緑樹の剪定

仕上がりの樹冠ライン

交差枝

込み合った枝

内向枝

剪定前
枝葉が必要以上に生い茂り、不均等な印象を与えてしまう
※イラスト内の青色の線は剪定箇所の一例、オレンジ色の点線はここで紹介している仕上がりの樹冠ライン例

剪定後
不要な枝が整理されて、全体的にすっきりした。このほうが株立ちの美しさを楽しめる

ポイント
- 生育旺盛な樹木。株立ちのもので高さをおさえたい場合は、背が高い株をその株元から切ってしまい、新しい株に更新してもよい
- 株立ちのものは、枝葉を透かして、すっきりとした樹形を楽しみたい
- 萌芽力が強いので、刈り込み剪定にも耐えられる

イヌツゲ

【犬黄楊】 モチノキ科モチノキ属
《別名》オオツゲ、ツゲ、ヤマツゲ

光沢がある小さな葉が特徴 ポピュラーな庭木

生垣としてよく利用される、とてもポピュラーな樹木。名前にツゲがつくもののツゲ科ではなく、モチノキ科に属しています。いくつかの園芸品種があり、一般的によく見かけるのがマメツゲとも呼ばれるマメイヌツゲです。萌芽力が強く、葉が細かいので、トピアリーやスタンダードなど、いろいろな仕立てを楽しめます。

大きさ 広卵形4〜6m	**仕立て方** 生垣、段づくりなど
花色 白	**耐陰性** やや強い
実色 黒	**耐寒性** 強い

	1	2	3	4	5	6	7	8	9	10	11	12
観賞												
剪定			■	■	■	■	■	▣				
花芽												

剪定：■最適期　□可能期　▣不適期

刈り込み剪定（夏・玉仕立て）

形を整える

刈り込みバサミを使って、形や大きさを整える。なお、刈り込む前に大きくはみ出している枝をあらかじめ、切り落としておくと、スムーズに作業できる。

刈り込みバサミを使って、形を整える。まずは上から行うとよい

上段が終わったら、続いて中〜下段のほうも刈り込んでいく

長く残った枝を切る

仕上げとして、太い枝を切り落として、刈り込み面を整えていく。

仕上げに、太い枝を木バサミなどで切る

ワンポイントアドバイス

仕上げは数節内側で切る

仕上げの、太い枝を切り落とす際には刈り込み面よりも数節内側で切ること。そうしないと、時間の経過とともに刈り込み面がまた不均一になってしまう。

太い枝は刈り込み面よりも数節内側で切る

イヌツゲ

常緑樹の剪定

剪定前
数年にわたり放任すると、不規則に枝葉が伸びて、いびつな形になってしまう
※写真内のオレンジ色の点線はここで紹介している仕上がりの樹冠ライン例

ポイント
- 萌芽力が強く、葉が小さいことなどから、刈り込み剪定に適している
- 仕立て直したい場合、小さくまとめたい場合などは、強めの剪定をしてもよい
- 刈り込み剪定は、伸びきってから行うより、軽い刈り込みを年数回行ったほうが、きれいに仕上げやすい

剪定後
刈り込み剪定によって、きれいな面に整った。球形や円錐形など、ある程度形は自由につくることができる

基本の剪定（春）

❶不要な枝を切り落とす

込み合った枝や内向枝、交差枝などの不要枝（→P.12）は切り落としてすっきりさせる。

込み合った枝があれば、切り落として日当たりや風通しをよくする

ワンポイントアドバイス❶
枝数を減らす

枝が増えやすい樹木だが、枝数が多すぎると雑然としたイメージになってしまう。たとえばひとつの節から3本以上の枝が出ているようであれば、切り落として2本にしたほうがよい。

2本
1本

ひとつの節からの枝数は2本ぐらいがよい

ポイント

- 放任しても、樹形はそれほど乱れない。とくに木が若いうちは横に広がらないので、小枝を透かす程度でもよい
- 大きさを一定に保ちたい場合は、その年に伸びた枝の元のほうの葉を数枚残して、新梢を切りつめる

カクレミノ

【隠蓑】　ウコギ科カクレミノ属
《別名》ミゾブタカラミツデ、ミツデ、ミツナガシワ

葉の切れ込みに風情がある日本原産の常緑樹

神社などにもよく植えられている、日本原産の常緑樹。葉のかたちに特徴があり、若い樹の葉は3～5裂して、モミジの葉のように深く切れ込んでいます。名前の由来は、その葉の姿が、昔の雨具の蓑に形が似ているからとされています。幼木ほど切れ込みが深く、成木の条件のよい葉になるほど切れ込みがなくなります。

大きさ 卵形3～5m	仕立て方 自然樹形
花色 緑	耐陰性 強い
実色 黒	耐寒性 普通

	1	2	3	4	5	6	7	8	9	10	11	12
観賞						花					実	実
剪定			最適期	可能期	可能期	可能期	可能期	可能期				
花芽							付期	付期				

観賞：■花 ■実　剪定：■最適期 ■可能期　花芽：■付期

96

❷形を整える

全体のバランスを見ながら、外側の枝や樹冠を乱す枝を切り落として、形や大きさを整える。

形を整えるために太枝を切る場合は、樹冠より数節内側で切る

カクレミノ

常緑樹の剪定

仕上がりの樹冠ライン

交差枝

内向枝

込み合った枝

剪定前

放任してもそれほど樹形は乱れないが、大きくなりすぎた場合などは剪定して形や大きさを整える
※イラスト内の青色の線は剪定箇所の一例、オレンジ色の点線はここで紹介している仕上がりの樹冠ライン例

剪定後

枝数を減らして全体的にすっきりとし、樹形が整った

ワンポイントアドバイス❷

節を残して切る

将来的に枝葉がついてほしいような部位を切る場合は、1節（数cm）を残して切り落とす。そうすることによって、そこから新しい枝が伸び、葉も生えてくる。

将来的に枝葉がほしい場所は、写真の右側のように少しだけ枝を残して切る

つけ根で切った例

1節残した例

カナメモチ

【要黐】 バラ科カナメモチ属
《別名》 アカメ、アカメモチ、ベニカナメ

色鮮やかな赤い新芽が生垣に大人気

鮮やかな赤色をした新芽が大きな特徴。葉が密集して生え、刈り込み剪定にも耐えられるので、生垣に植えられる樹木としても、もっともポピュラーなもののひとつになっています。なかでも、新芽の赤色がより鮮やかな、レッドロビンという品種が人気を集めています。

初夏には甘い香りがする、白い花を咲かせます。

大きさ 広卵形 4〜5m	仕立て方 生垣、円柱形など
花色 白	耐陰性 普通
実色 赤	耐寒性 強い

	1	2	3	4	5	6	7	8	9	10	11	12
観賞			■	■	■	■	■	■	■	■	■	
剪定			■	■	■	■	■	■	■			
花芽												

観賞 ■赤葉 剪定 ■最適期 ■可能期 ※データ・カレンダーはレッドロビンのもの

刈り込み剪定（レッドロビン・春）

太枝を切る

刈り込み剪定をしやすくするため、想定する刈り込み面より大きくはみ出ているものがあれば、それを切り落とす。想定している刈り込み面よりも内側で切るのがポイント。

刈り込む前に、想定する刈り込み面からはみ出た太枝を整理する

刈り込みバサミで刈り込む

太枝の整理が終わったら、刈り込みバサミを使用して、形や大きさを整えていく。刈り終わったら一度離れて見て、凸部分を刈るようにすると、よりきれいな仕上がりとなる。

刈り込みバサミを使って、形を整える。まずは側面、続いて上面を刈り込むとやりやすい

ワンポイントアドバイス

水糸を張る

生垣などの剪定では、まっすぐ切る目安として、水糸（目安となる糸）を張るという方法がある。使用する糸や、その糸を固定するものは、基本的にどんなものでも構わない。

刈り込む前に糸を水平に張っておくと、きれいに水平に刈り込むための目安にできる

カナメモチ

常緑樹の剪定

剪定前
よく生垣に使用される樹木。萌芽力が強く、生長も早いので、放任すると乱れる
※写真内のオレンジ色の点線はここで紹介している仕上がりの樹冠ライン例

切り口を整理する

刈り込み剪定が終わったら、太い切り口が見えているところや長めに残っている部分を切って仕上げる。

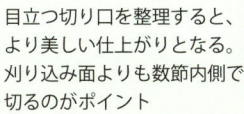

目立つ切り口を整理すると、より美しい仕上がりとなる。刈り込み面よりも数節内側で切るのがポイント

剪定後
不規則に伸びていた枝が整理されて、きれいな生垣に仕上がった

ポイント

- 萌芽力が強く、枝葉も細かいので刈り込み剪定に向いている
- 生長が早いので、こまめ（年2～3回）に剪定すると美しい樹形を通年楽しめる
- 刈り込み剪定を行う場合、刈り込み前に太枝を切り落とす。また、刈り込み後には、太い切り口が見えているところを整理する

カラタネオガタマ

【唐種招霊】　モクレン科オガタマノキ属
《別名》トウオガタマ

光沢がある明緑色の葉が一年を通して楽しめる

原産は中国で、日本には江戸時代に渡来したといわれています。4～5月ごろに、バナナとリンゴを合わせたような香りのする花を咲かせ、「バナナの木」と呼ばれることもあります。葉はやや黄味を帯びた緑色をしていて光沢があり、通年楽しめることなどから、庭木として人気の高い樹種のひとつになっています。

大きさ	広卵形 5m	仕立て方	自然樹形
花色	黄・赤	耐陰性	普通
実色	黒紫	耐寒性	普通

	1	2	3	4	5	6	7	8	9	10	11	12
観賞				■	■							
剪定		■	■	■	■	■	■	■				
花芽							■	■	■			

観賞：■花　剪定：■最適期　■可能期　■不適期　花芽：■付期

基本の剪定（花後）

❶ 不要な枝を切り落とす

込み合った枝や幹吹き、内向枝などの不要枝（→P.12）は切り落としてすっきりさせる。主幹から生えている枝の間隔が狭いようであれば、バランスがよい配置になるように太い枝であっても切る。

内向枝が生えている場合はつけ根から切って整理する

ワンポイントアドバイス

ふところの日当たりをよくする

ほかの多くの常緑花木にも共通していえることだが、枝葉の数を減らして日当たりや風通しをよくすると、ふところにまで花が咲くことが期待できる。また、透かす場合は、濃淡がないように均一に仕上げるのもポイント。

ふところに木漏れ日がさす程度を目安に枝葉の数を減らす

カラタネオガタマ　常緑樹の剪定

❷形を整える

全体のバランスを見ながら、外側の枝や樹冠を乱す枝を切り落として、形や大きさを整える。高さを維持したい場合や小さくまとめたい場合は、主幹を節（枝わかれしているところ）のすぐ上で切る。

枝先を切るなどして形や大きさを整える。枝わかれしているところのすぐ上で切るのが基本

仕上がりの樹冠ライン

内向枝

込み合った枝

幹吹き

剪定前
放任してもそれほど樹形は乱れないが、枝が込み合い、不均一な部分ができてしまう
※イラスト内の青色の線は剪定箇所の一例、オレンジ色の点線はここで紹介している仕上がりの樹冠ライン例

剪定後
不要な枝が整理され、すっきりとした樹形に。大きさもコンパクトにまとまった

ポイント
● 放任しても、それほど樹形は乱れないので、剪定は不要な枝の整理や大きさを整えるだけでもよい

キンポウジュ

【錦宝樹】 フトモモ科カリステモン属
《別名》ハナマキ、ブラシノキ

ブラシのような花が印象的な常緑樹

オーストラリア原産で、明治時代に渡来した常緑樹。5～6月ごろ、枝先にブラシのような独特な形をした花(正式にはオシベ)を咲かせます。赤い花のものがポピュラーですが、白い花もあり、園芸品種は豊富です。また、葉はイヌマキ(150ページ)に似て細長く、それが別名のハナマキの由来にもなっています。

大きさ	卵形3～5m	仕立て方	自然樹形
花色	赤、白、黄	耐陰性	普通
実色	―	耐寒性	普通

	1	2	3	4	5	6	7	8	9	10	11	12
観賞					■	■						
剪定			■	■			■	■				
花芽							■	■	■	■		

観賞：■花　剪定：■最適期　■可能期　■不適期　花芽：■付期

基本の剪定(花後)

❶不要な枝を切り落とす

込み合った枝や内向枝などの不要枝(→P.12)は切り落としてすっきりさせる。

樹形を乱す立ち枝はつけ根から切る

ワンポイントアドバイス❶

根元付近を整理する

根元付近は、枝を切って、できるだけすっきりとさせる。株立ちの場合は、立ち数をある程度限定してもよい。立ち数を減らす場合は、曲がっていたり、絡んでいるものなどを優先的に根元から切る。

根元付近の小枝を整理する場合は、枝のつけ根から切る

ワンポイントアドバイス❷

種を切り落とす

種は花後に2年かけて成熟する。放任すると樹勢を弱めることにつながるため、できるだけとる。花後であれば花首より下の2節で切る。

切ることによって樹形が悪くならなければ、種がついた枝は整理する

種

❷形を整える

全体のバランスを見ながら、外側の枝や樹冠を乱す枝を切り落として、形や大きさを整える。高さを維持したい場合や小さくまとめたい場合は、主幹を節（枝わかれしているところ）のすぐ上で切る。

枝先を切るなどして形や大きさを整える。枝わかれしているところのすぐ上で切るのが基本

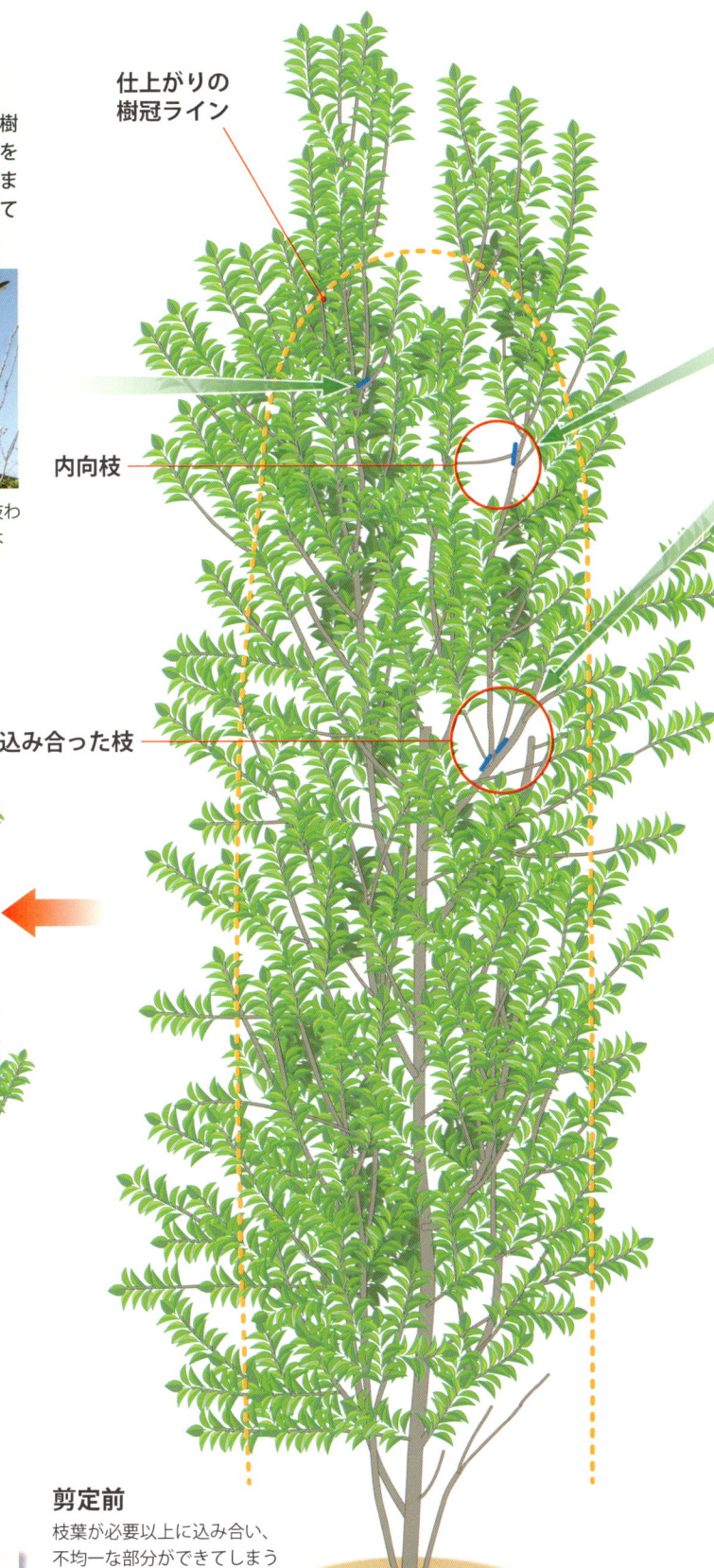

仕上がりの樹冠ライン

内向枝

込み合った枝

剪定後
不要な枝が整理され、全体的にすっきりとした。病虫害の影響も受けにくくなる

剪定前
枝葉が必要以上に込み合い、不均一な部分ができてしまう
※イラスト内の青色の線は剪定箇所の一例、オレンジ色の点線はここで紹介している仕上がりの樹冠ライン例

ポイント
- 種は花後に2年かけて成熟するが、放任すると樹勢を弱めることにつながるため、できるだけ取るようにする

キンポウジュ　常緑樹の剪定

キンモクセイ

【金木犀】 キンモクセイ科キンモクセイ属
《別名》キンケイ、ケイカ、モクセイ

オレンジ色の小さな花が甘い香りで周囲を包む

秋に花を咲かせる花木として、とても人気の高い樹木。9〜10月ごろ、小さくてかわいいオレンジ色の花を数多く咲かせ、周囲を甘い芳香で包み込みます。雌雄異株ですが、日本に植えられているものの多くは雄樹なので、基本的には結実しません。耐寒性は比較的強く、東北南部以南の地域で栽培可能といわれています。

大きさ	長卵形4〜6m	仕立て方	自然樹形、円柱形
花 色	オレンジ	耐陰性	普通
実 色	—	耐寒性	やや強い

	1	2	3	4	5	6	7	8	9	10	11	12
観賞									■	■		
剪定		■	■	■	■						■	■
花芽					■	■	■					

観賞：■花　剪定：■最適期　■可能期　■不適期　花芽：■付期

刈り込み剪定（春）

❶不要な枝を切り落とす

まずは込み合った枝や内向枝、交差枝などの不要枝（→P.12）は切り落としてすっきりさせる。樹全体の濃淡が均一になるのが理想。

込み合った部分は整理して、樹全体の濃淡が均一になるように心がける

❷形を整える

不要枝の整理が終わったら、外側の枝や樹冠に影響する枝を切り落として、形や大きさを整える。枝数が多いので、刈り込みバサミを使うことが多い。

刈り込みバサミを使い、形や大きさを整える

104

ワンポイントアドバイス

刈り面を整える

刈り込みバサミを使用した場合、節の途中で切れている枝が残る。最後の仕上げとして、それらを節（枝わかれしているところ）のすぐ上で切って刈り面を整えると美しく仕上がる。

節の途中で切れている部分は節上で切る

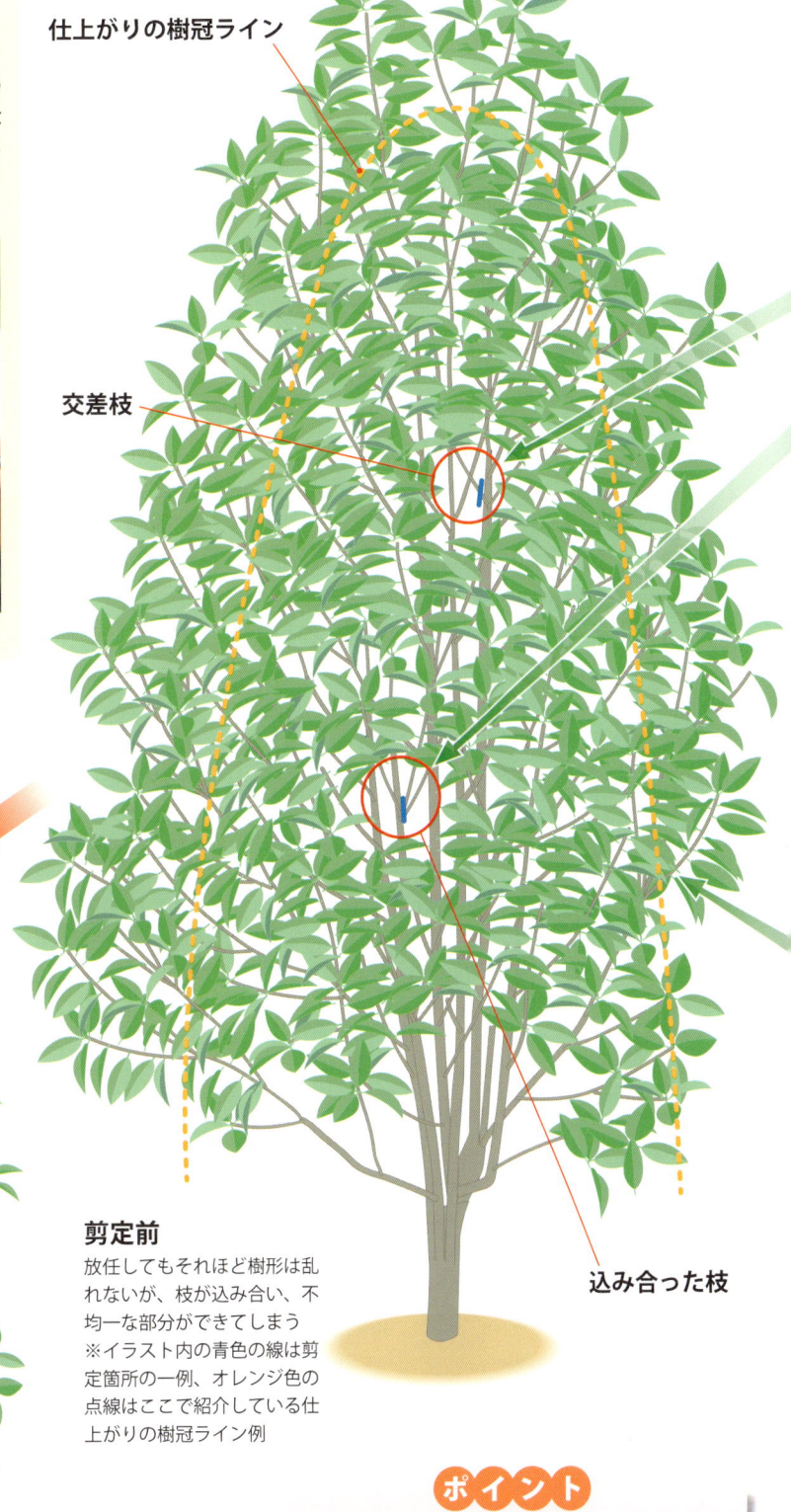

キンモクセイ　常緑樹の剪定

仕上がりの樹冠ライン

交差枝

込み合った枝

剪定前

放任してもそれほど樹形は乱れないが、枝が込み合い、不均一な部分ができてしまう

※イラスト内の青色の線は剪定箇所の一例、オレンジ色の点線はここで紹介している仕上がりの樹冠ライン例

剪定後

不要な枝が整理され、樹全体の枝葉の込み具合が均一になった。大きさもコンパクトにまとまった

ポイント

- 放任しても、それほど樹形は乱れないので、剪定は不要な枝の整理や形を整えるだけでもよい
- 形や大きさを整える場合、刈り込みバサミを使用すると、より少ない手間で行うことができる

ギンヨウアカシア

【銀葉アカシア】　マメ科アカシア属
《別名》ハナアカシア、ミモザ

銀色の葉と黄色の小花の美しいコントラスト

オーストラリア原産の人気の花木。アカシアの仲間は世界で600種以上あり、ギンヨウアカシアは明治末期に日本に輸入されたといわれています。

春先に黄色の可憐な小花を穂状に咲かせ、銀色に見える葉とのみごとなコントラストを楽しめます。その美しさから、花は切り花としても利用されています。

大きさ	半球形5～8m	仕立て方	自然樹形
花色	黄	耐陰性	陽樹
実色	茶	耐寒性	やや弱い

	1	2	3	4	5	6	7	8	9	10	11	12
観賞			■	■								
剪定				■	■	■				■	■	
花芽							■	■	■			

観賞：■花・紅葉　剪定：■最適期　■可能期　■不適期　花芽：■付期

基本の剪定（花後）

❶不要な枝を切り落とす

込み合った枝や幹吹き、内向枝などの不要枝（→P.12）は切り落としてすっきりさせる。主幹から生えている枝の間隔が狭いようであれば、太い枝であっても切り落とす。なお、太い枝を切った場合は、切り口に市販の癒合剤（切り口を保護して雑菌などの浸入を防ぐ薬）を塗る。

内向枝

樹形を乱す内向枝は切り落とす

すっきりとした樹形にするため、太枝であっても剪定の対象になる。太枝の切り方はP.13参照

ワンポイントアドバイス

芽を取り除く

アカシアは芽が出やすい樹木。放任するとそのまま大きくなって樹形を乱すことになるので、早い段階でとり除く。

芽は早い段階であれば手でとることもできる

❷形を整える

全体のバランスを見ながら、外側の枝や樹冠を乱す枝を切り落として、形や大きさを整える。ある程度強めに切っても構わない。

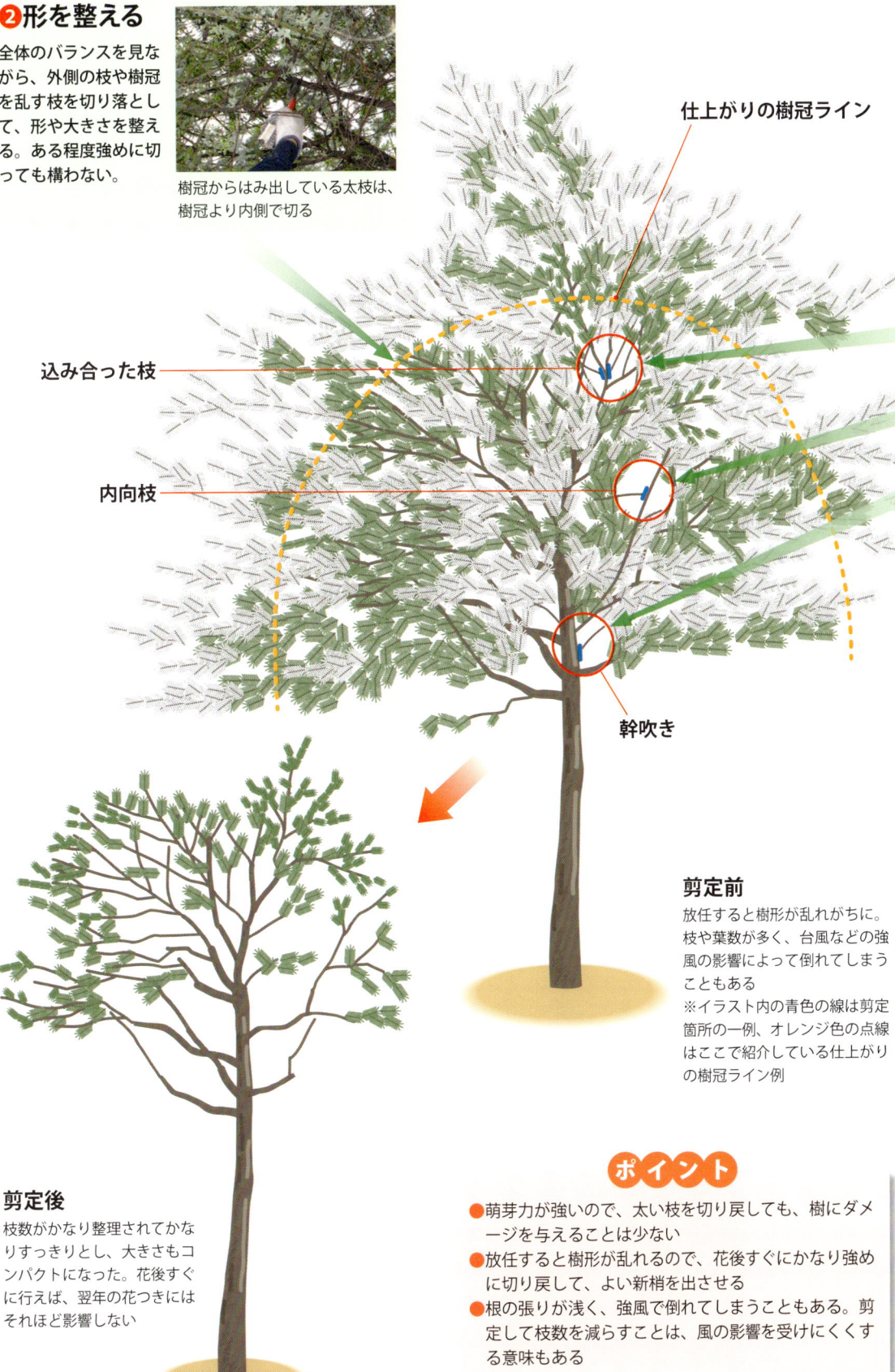

樹冠からはみ出している太枝は、樹冠より内側で切る

仕上がりの樹冠ライン

込み合った枝

内向枝

幹吹き

剪定前
放任すると樹形が乱れがちに。枝や葉数が多く、台風などの強風の影響によって倒れてしまうこともある
※イラスト内の青色の線は剪定箇所の一例、オレンジ色の点線はここで紹介している仕上がりの樹冠ライン例

剪定後
枝数がかなり整理されてかなりすっきりとし、大きさもコンパクトになった。花後すぐに行えば、翌年の花つきにはそれほど影響しない

ギンヨウアカシア

常緑樹の剪定

ポイント

- 萌芽力が強いので、太い枝を切り戻しても、樹にダメージを与えることは少ない
- 放任すると樹形が乱れるので、花後すぐにかなり強めに切り戻して、よい新梢を出させる
- 根の張りが浅く、強風で倒れてしまうこともある。剪定して枝数を減らすことは、風の影響を受けにくくする意味もある

クチナシ

【梔子】 アカネ科クチナシ属
《別名》ガーデニア、サンシシ、センプク

初夏に純白の花を咲かす甘い香りの代名詞

初夏に純白の花を咲かせます。一重咲きのものと八重咲きのものがあり、一重咲きのものより八重咲きのもののほうが咲く時期は遅めで実はつきません。甘い香りを放つのが大きな特徴のひとつです。一重咲きの実はオレンジ色をしていて、薬用や染料にも用いられます。なおクチナシという名前は、実が熟しても割れないことに由来するといわれています。

大きさ	卵形2〜3m	仕立て方	自然樹形、生垣
花 色	白	耐陰性	普通
実 色	オレンジ	耐寒性	普通

	1	2	3	4	5	6	7	8	9	10	11	12
観賞						■	■				■	■
剪定			■	■	■							
花芽								■	■	■		

観賞：花 実　剪定：最適期 可能期 不適期　花芽：付期

基本の剪定（花後）

❶不要な枝を切り落とす

込み合った枝やひこばえ、交差枝などの不要枝（→P.12）は切り落としてすっきりさせる。

小枝が多く生えているような込み合った部分は整理する

ひこばえが生えている場合はつけ根から切る

ワンポイントアドバイス

花柄を摘む

実を楽しまないのであれば、花柄は早めに摘むこと。残しておくと、そちらに養分をとられてしまい、翌年の花つきに悪い影響を与えることもある。

実を楽しまない場合は、できるだけ早めに花柄を摘む

❷形を整える

全体のバランスを見ながら、外側の枝や樹冠を乱す枝を切り落として、形や大きさを整える。

枝先を切るなどして形や大きさを整える。節（枝わかれしているところ）のすぐ上で切るのが基本

クチナシ

常緑樹の剪定

仕上がりの樹冠ライン

込み合った枝

剪定前
放任してもそれほど樹形は乱れないが、枝が込み合い、不均一な部分ができてしまう
※イラスト内の青色の線は剪定箇所の一例、オレンジ色の点線はここで紹介している仕上がりの樹冠ライン例

剪定後
不要な枝が整理され、枝葉の込み具合が均一になった。大きさもコンパクトにまとまった

🟠ポイント
- 放任しても、それほど樹形は乱れないので、剪定は不要な枝の整理や大きさを整えるだけでもよい
- 萌芽力が強いので、刈り込み剪定にも耐えられる
- 翌年の花つきをよくするためには花柄を摘む
- 骨格をつくりなおしたい場合などは春に剪定を行う

クロガネモチ

【黒鉄黐】　モチノキ科モチノキ属
《別名》アクラ

黒味を帯びた美しい若枝
秋には赤い実も楽しめる

葉の軸や若枝が黒味を帯びていて、それがクロガネモチという名前の由来になっているといわれています（モチはモチノキ科であることから）。

雌雄異株の樹木で、雌株には秋に赤い小球形の実を枝にたわわにつけます。また、楕円形の葉は美しい光沢があり、常緑樹のため1年を通してその姿を楽しめます。

大きさ	卵形5～8m	仕立て方	自然樹形、段づくりなど
花色	—	耐陰性	やや強い
実色	赤	耐寒性	普通

	1	2	3	4	5	6	7	8	9	10	11	12
観賞					■	■				■	■	■
剪定		■	■	■	■	■						
花芽								■	■	■		

観賞：■花 ■実　剪定：■最適期 ■可能期　花芽：■付期

基本の剪定（春）

❶ 不要な枝を切り落とす

込み合った枝や幹吹き、内向枝などの不要枝（→P.12）は切り落としてすっきりさせる。主幹から生えている枝の間隔が狭いようであれば、バランスがよい配置になるように太枝であっても切り落とす。

主幹から生えている枝が込み合っている場合は、つけ根から切る

内向枝は樹形を乱すので、つけ根から切る

ワンポイントアドバイス

刈り込みバサミを使う

はじめに形を整えるために、刈り込みバサミを使用するという方法もある。刈り込みバサミを使うと手間が省けるが、葉を切ってしまったりして切り口が目立つことになるので、仕上げとして剪定バサミで目立つところを整理する。

刈り込みバサミを使うと手間を省くことができる

❷形を整える

全体のバランスを見ながら、外側の枝や樹冠を乱す枝を切り落として、形や大きさを整える。高さを維持したい場合や小さくまとめたい場合は、主幹を節（枝わかれしているところ）のすぐ上で切る。

樹冠ラインからはみ出している太枝は、樹冠ラインより数節内側で切る

クロガネモチ

常緑樹の剪定

仕上がりの樹冠ライン

交差枝
内向枝
込み合った枝

剪定前
生長が早い樹木。放任すると必要以上に大きくなりがち。主幹から小枝が生えやすく、ふところも込み合いやすい
※イラスト内の青色の線は剪定箇所の一例、オレンジ色の点線はここで紹介している仕上がりの樹冠ライン例

剪定後
不要な枝が整理されて、かなりさっぱりとした。高さも状況に合わせたものになった

ポイント
- 放任すると必要以上に大きくなってしまいがち。そのため大きさをまとめる剪定が必要になる
- 主幹から枝が小枝が生えやすい。枝の間隔が狭いところは、つけ根から切り落とす

ゲッケイジュ

【月桂樹】 クスノキ科ゲッケイジュ属
（別名）ベイリーフ、ローリエ、ローレル

基本の剪定（春）

❶不要な枝を切り落とす

込み合った枝や幹吹き、内向枝などの不要枝（→P.12）は切り落としてすっきりさせる。主幹から生えている枝の間隔が狭いようであれば、バランスがよい配置になるように太枝であっても切り落とす。

ひとつの節から多くの枝が出ている場合は、枝を切って整理する

ふところの枝を整理して、風通しや日当たりをよくする

ワンポイントアドバイス

新芽を切って生長をおさえる

新芽が出たあとであれば、新芽の先を切っておくと、そこで生長を止められる。樹形がそれほど乱れにくくなる。

新芽の先を切ると、そこで生長をとめられる

樹形が美しく葉は料理に利用される

濃緑色の照葉と樹形がとても美しい樹木で、春には淡い黄色の花を咲かせます。

葉を月桂葉、果実を月桂実といい、葉は魚や肉の煮込み料理などに利用されます。また、古代ギリシャでは月桂葉でつくった冠を英雄などに冠したところから、現在でも勝利者を讃えて月桂葉の冠が贈られることがあります。

大きさ	長卵形6〜10m	仕立て方	自然樹形、円柱形など
花色	黄	耐陰性	やや強い
実色	黒	耐寒性	普通

	1	2	3	4	5	6	7	8	9	10	11	12
観賞		■	■							■		
剪定		■	■	■	■						■	■
花芽								■	■			

観賞：■花 ■実　剪定：■最適期 ■可能期 ■不適期

❷形を整える

全体のバランスを見ながら、外側の枝や樹冠を乱す枝を切り落として、形や大きさを整える。高さを維持したい場合や小さくまとめたい場合は、主幹を節（枝わかれしているところ）のすぐ上で切る。

太めの枝が樹冠ラインからはみ出している場合は、樹冠ラインよりも数節内側で切る

ゲッケイジュ

常緑樹の剪定

仕上がりの樹冠ライン

込み合った枝

内向枝

幹吹き

剪定前
萌芽力が強い樹木のため、放任すると枝数が増えて雑然とした雰囲気になる。高さも高くなりやすい

※イラスト内の青色の線は剪定箇所の一例、オレンジ色の点線はここで紹介している仕上がりの樹冠ライン例

剪定後
不要な枝が整理されて、かなりさっぱりとした。高さも状況に合わせたものに

ポイント
- 横には広がりにくいものの樹高が高くなるので、小さくまとめたい場合は、主幹を切り戻して高さを抑える
- 萌芽力が強く、葉が込みやすい樹木。込み合った部分は、枝数を減らすとすっきりとした樹形を楽しめる。徒長枝も出やすいので、生えているようであれば切り落とす
- 萌芽力が強く、枝葉が細かいので刈り込み剪定をしてもよい

サザンカ

【山茶花】 ツバキ科ツバキ属（サザンカ属）
《別名》オキナワサザンカ

古くから親しまれてきた冬に花を咲かせる庭木

秋の終わりから冬にかけての、まわりに花が少ない寒い時期に花を咲かせる庭木であり、江戸時代から親しまれてきました。同属のツバキによく似ていますが、ツバキよりも葉が小さくて細いのが特徴。また、花の散り方は、ツバキが花全体が落下するのに対して、サザンカは1枚ずつパラパラとはかなげに散ります。

大きさ	長卵形2〜6m	仕立て方	自然樹形、生垣など
花色	白、ピンク、赤	耐陰性	やや強い
実色	茶	耐寒性	普通

	1	2	3	4	5	6	7	8	9	10	11	12
観賞	■	■								■	■	■
剪定		■	■	■	■	■						
花芽							■	■	■			

観賞：花　剪定：最適期　可能期　花芽：付期

基本の剪定（花後）

❶ 不要な枝を切り落とす

込み合った枝や幹吹き、内向枝などの不要枝（→P.12）は切ってすっきりさせる。

ひとつの節から多くの枝が出ている場合は1〜2本にする

❷ 形を整える

全体のバランスを見ながら、外側の枝や樹冠を乱す枝を切り落として、形や大きさを整える。高さを維持したい場合や小さくまとめたい場合は、主幹を節（枝わかれしているところ）のすぐ上で切る。

枝先を切るなどして形や大きさを整える

ワンポイントアドバイス

大胆に剪定してもOK

萌芽力が強く、強めの剪定にも耐えられる樹木。そのため大胆に透かしてもOKで、スペースに限りがある場合などは、かなり小さくしてしまってもよい。

剪定後の様子。ふところの風通しや日当たりをよくするため、かなり枝葉を整理した

ワンポイントアドバイス

チャドクガに要注意

サザンカにはチャドクガがつきやすい。チャドクガには、成虫、幼虫そして卵にも毒があり、毒針に触れると2～3時間後に赤くはれ上がり痒くなる。虫食いのあとを見つけたら、市販の殺虫剤（チャドクガに適用があるもの）を使って駆除してから作業をする。

虫食いの跡

虫食いの跡があったら不用意に作業を続けない

サザンカ　常緑樹の剪定

仕上がりの樹冠ライン

込み合った枝

幹吹き

剪定前
放任しても花つきにはそれほど影響しないが、枝が込み合って雑然とした印象を受ける
※イラスト内の青色の線は剪定箇所の一例、オレンジ色の点線はここで紹介している仕上がりの樹冠ライン例

剪定後
不要な枝が整理され、全体的にすっきりした。大きさもコンパクトにまとまった

ポイント

- 放任したほうが花つきがよいこともある。あまり剪定しないのも選択肢のひとつ
- 毒があるチャドクガがつきやすい。葉に食べられたあとがあったら、不用意に作業しないこと
- 萌芽力が強く、強めの剪定にも耐えられる。刈り込み剪定も可能。時期は花後の3月ごろがベスト

刈り込み剪定（サツキ・春）

形を整える

萌芽力が強く、枝や葉が細かいサツキやツツジは、刈り込み剪定向き。刈り込みバサミを使用して、大きさや形を整える。

刈り込みバサミで状況に応じた形や大きさにまとめていく

切った枝葉を取り除く

刈り込みバサミを使用して、一度おおまかに大きさや形を整えたら、手で切り落とした枝葉をとり除いて、少し離れた位置から全体のバランスを見る。

おおまかに刈ったら、切り落とした枝葉をとり除く

ワンポイントアドバイス
仕上げに植木バサミを使う

仕上げとして、木バサミを用いてとくに込み合うところを整理すると、より美しい仕上がりになる。太い枝は勢いのよい枝を伸ばすので、樹冠よりも内側で切る。

太枝はハサミをさし込んで樹冠よりも数節内側で切る

サツキ（ツツジ）

【皐月（躑躅）】　ツツジ科ツツジ属
《別名》サツキツツジ

庭の縁どりに使われる日本の代表的な花木

ツツジとは600種以上あるツツジ属の植物の総称で、落葉性の種も多くあります。寄植えや庭の縁どりとしてよく利用される樹木です。サツキもその仲間で、そのほかのツツジとの違いのひとつは開花時期。ツツジの4〜5月に対して、サツキは5〜6月ごろと遅めに咲きます。

なお、剪定方法は、サツキもツツジも基本的に同じです。

大きさ	半球形 0.5〜1.5m	仕立て方	自然樹形、低半球形など
花色	白、ピンク、赤	耐陰性	普通
実色	ー	耐寒性	普通

	1	2	3	4	5	6	7	8	9	10	11	12
観賞				ツツジ		サツキ						
剪定												
花芽												

観賞：花　剪定：■最適期 ■可能期 ■不適期　花芽：■付期

刈り面を整理する

少し離れたところから見て、凸部があれば、二度刈りをして整える。

二度刈りをするとより美しい仕上がりとなる

サツキ（ツツジ）　常緑樹の剪定

剪定前
放任すると、本来の仕立ての樹冠ラインからはみ出る枝が多くなり、見苦しくなる
※写真内のオレンジ色の点線はここで紹介している仕上がりの樹冠ライン

剪定後
刈り込み剪定をしたことにより、きれいな形に仕立てられた

ポイント
- 自然樹形も美しく、放任してもある程度樹形は整う
- サツキやツツジは萌芽力が強い。枝や葉も細かいので、刈り込み剪定に向いている

シマトネリコ

【一】 モクセイ科トネリコ属
《別名》 タイワンシオジ

基本の剪定（花後）

❶ 不要な枝を切り落とす

込み合った枝や内向枝、交差枝などの不要枝（→P.12）は切り落としてすっきりさせる。

内向枝は樹形を乱すので、剪定の対象になる

❷ 形を整える

全体のバランスを見ながら、外側の枝や樹冠に影響する枝を切り落として、形や大きさを整える。

枝先を切るなどして形や大きさを整える。節（枝わかれしているところ）のすぐ上で切るのが基本

ワンポイントアドバイス

縦芽を残す

1枚の葉が大きいので、枝が込み合うと、葉がすぐに密集してしまう。爽やかなイメージを強調したいなら、大胆に透かしても構わない。また、葉のつき方は対生だが、できるだけ横芽（横芽から伸びた枝）ではなく、縦芽（縦芽から伸びた枝）を残したい。

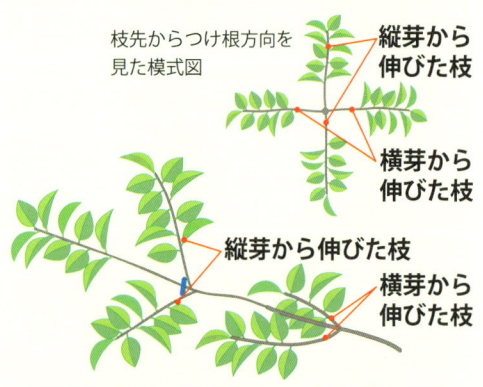

枝先からつけ根方向を見た模式図
縦芽から伸びた枝
横芽から伸びた枝
縦芽から伸びた枝
横芽から伸びた枝

込み合った部分は大胆に透かす。その際、縦芽（縦芽から伸びた枝）を残すと美しい樹形へと生長していく。

明るい緑色の葉が爽やかなイメージを演出

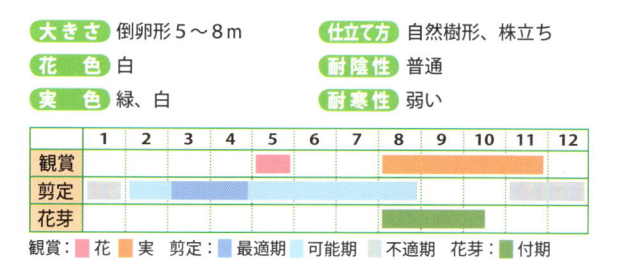

葉は明るい緑色をしていて、爽やかなイメージを受ける樹木です。初夏には小さくて白い花を咲かせ、夏の終わりから秋にかけては、小さな実をつけます。小さいものは、室内の観葉植物として人気を集めています。もともとはフィリピンや沖縄などの亜熱帯地方の植物であるため、寒さにはあまり強くありません。

大きさ	倒卵形5〜8m	仕立て方	自然樹形、株立ち
花 色	白	耐陰性	普通
実 色	緑、白	耐寒性	弱い

	1	2	3	4	5	6	7	8	9	10	11	12
観賞					■			■	■	■	■	
剪定		■	■	■	■	■	■	■	■	■	■	
花芽								■	■	■		

観賞：■花 ■実　剪定：■最適期 ■可能期 ■不適期　花芽：■付期

高さを制限する

生長が早く、大きくなりやすい樹木。高さを維持したい場合や小さくまとめたい場合は、主幹を節上で切る。

高さを維持したり、小さくしたい場合は主幹を切り詰める

仕上がりの樹冠ライン

込み合った枝

内向枝

剪定前
1枚の葉が大きく、放任して枝が込み合うと、すぐに葉が密集してしまう
※イラスト内の青色の線は剪定箇所の一例、オレンジ色の点線はここで紹介している仕上がりの樹冠ライン例

剪定後
枝葉が適度に透かされ、爽やかなイメージを楽しめるようになった

シマトネリコ

常緑樹の剪定

ポイント
- 枝数を減らすと爽やかなイメージを演出できる。大胆に剪定するのもよい
- 枝を切り落とす際には、縦芽を残すと、美しい樹形へ成長していく
- 生長が速いので、大きさを維持したい場合、小さくまとめたい場合は、年2回を目安に剪定する
- 骨格をつくりなおしたい場合などは春に剪定を行う

シャクナゲ

【石楠花、石南花】 ツツジ科ツツジ属
《別名》ウヅキバナ

花が枝先にかたまって咲く ツツジ科の常緑樹

シャクナゲとは、ツツジ科ツツジ属シャクナゲ亜属の低木の総称で、日本にもホンシャクナゲなどが多数自生していますが、よく出回っているものは園芸種のセイヨウシャクナゲです。ほかのツツジの仲間よりも葉が大きめで堅く、大きな花が枝の先端に多数かたまって咲くのが特徴。さまざまな品種のものがあり、花色も豊富です。

大きさ	半球形1〜3m	仕立て方	自然樹形
花 色	白、ピンク、赤、紫	耐陰性	普通
実 色	—	耐寒性	強い

	1	2	3	4	5	6	7	8	9	10	11	12
観賞				■	■	■						
剪定	■	■	■	■	■	■	■	■	■			
花芽							■	■	■			

観賞：■花　剪定：■最適期 ■可能期 ■不適期　花芽：■付期

基本の剪定（春）

形を整える

全体のバランスを見ながら、外側の枝や樹冠を乱す枝を切り落として、形や大きさを整える。高さを維持したい場合や小さくまとめたい場合は、主幹を切る。

樹冠ラインからはみ出している太枝は、樹冠ラインより数節内側で切る

花柄を摘む

花後に剪定する場合は、花柄を摘むのが基本。これを行わないとそこに養分をとられて、翌年の花つきが悪くなってしまう。花後すぐの花柄はハサミを使わなくても、手で簡単に摘むことができる。一斉にではなく、気がついた折に適宜行うのもひとつの方法としてよい。

残っている花柄はできるだけ早めに摘む

花後すぐの花柄は手でも簡単に摘める

ポイント

- 放任しても、それほど樹形は乱れないが、花後すぐに花柄を摘まないと、翌年の花つきが悪くなる
- 萌芽力は強いので、花のことを考えなければ強めの剪定にも耐えられる。大きさをコンパクトにしたい場合などは大胆に剪定してもOK

シャクナゲ

常緑樹の剪定

剪定前
放任してもそれほど樹形は乱れないため、大きさをまとめる程度でもよい。ただし、翌年の花つきをよくするため、花後に花柄を摘みたい
※イラスト内の青色の線は剪定箇所の一例、オレンジ色の点線はここで紹介している仕上がりの樹冠ライン例

剪定後
大きさを状況に合った、コンパクトなものにすることができた

ワンポイントアドバイス

枝数を増やすには節の途中で切る

ほかの樹木にもいえることだが、枝を節と節の間で切ると、生育後にその部分の枝数が増えることにつながる。たとえばそのスペースに枝を多めに生やしたい場合などに用いるとよい。

生長後の枝数を増やすには節間で切る

基本の剪定（春）

❶不要な枝を切り落とす

込み合った枝や交差枝、内向枝などの不要枝（→P.12）は切り落としてすっきりさせる。主幹から生えている枝の間隔が狭いようであれば、バランスがよい配置になるように太枝であっても切り落とす。

込み合った枝は切り落として、ふところの風通しや日当たりをよくする

主幹から生えている枝が込み合っている場合は、不要な枝をつけ根から切って整理する

ワンポイントアドバイス
剪定直後も自然な仕上がりに

枝の流れを活かしつつ、節上で切り落とすと、剪定直後でも違和感なく自然な仕上がりになる。

剪定直後でも自然な仕上がりにしたければ、枝の流れを活かすように芽を残す。節間で切ると、いかにも「剪定しました」という感じになる

節の途中で切ったNG例
節上で切るのが正解
節の途中で切るのはNG

ソヨゴ

【冬青】 モチノキ科モチノキ属
《別名》フクラシバ

繊細な波のような葉が風にそよぐ

繊細な波状の葉をもつ、樹形の美しい常緑樹で、風で揺れると葉のすれ合う音が際立つ（そよぐ）ことからその名がつけられたといわれています。開花期は5～6月頃で、秋には実が赤く熟します。雌雄異株なので、実を楽しみたければ雌株を選ぶこと。和洋どちらの庭にも合い、生長が遅いので管理のしやすい樹木です。

大きさ	広卵形 4～5m
花色	白
実色	赤
仕立て方	自然樹形、株立ち
耐陰性	強い
耐寒性	やや強い

	1	2	3	4	5	6	7	8	9	10	11	12
観賞					■	■				■	■	■
剪定			■	■	■	■	■	■	■			
花芽							■	■	■	■		

観賞：花 実　剪定：最適期 可能期　花芽：付期

122

❷形を整える

全体のバランスを見ながら、外側の枝や樹冠を乱す枝を切り落として、形や大きさを整える。高さを維持したい場合や小さくまとめたい場合は、主幹を節（枝わかれしているところ）のすぐ上で切る。

枝先を切るなどして形や大きさを整える。枝わかれしているところのすぐ上で切るのが基本

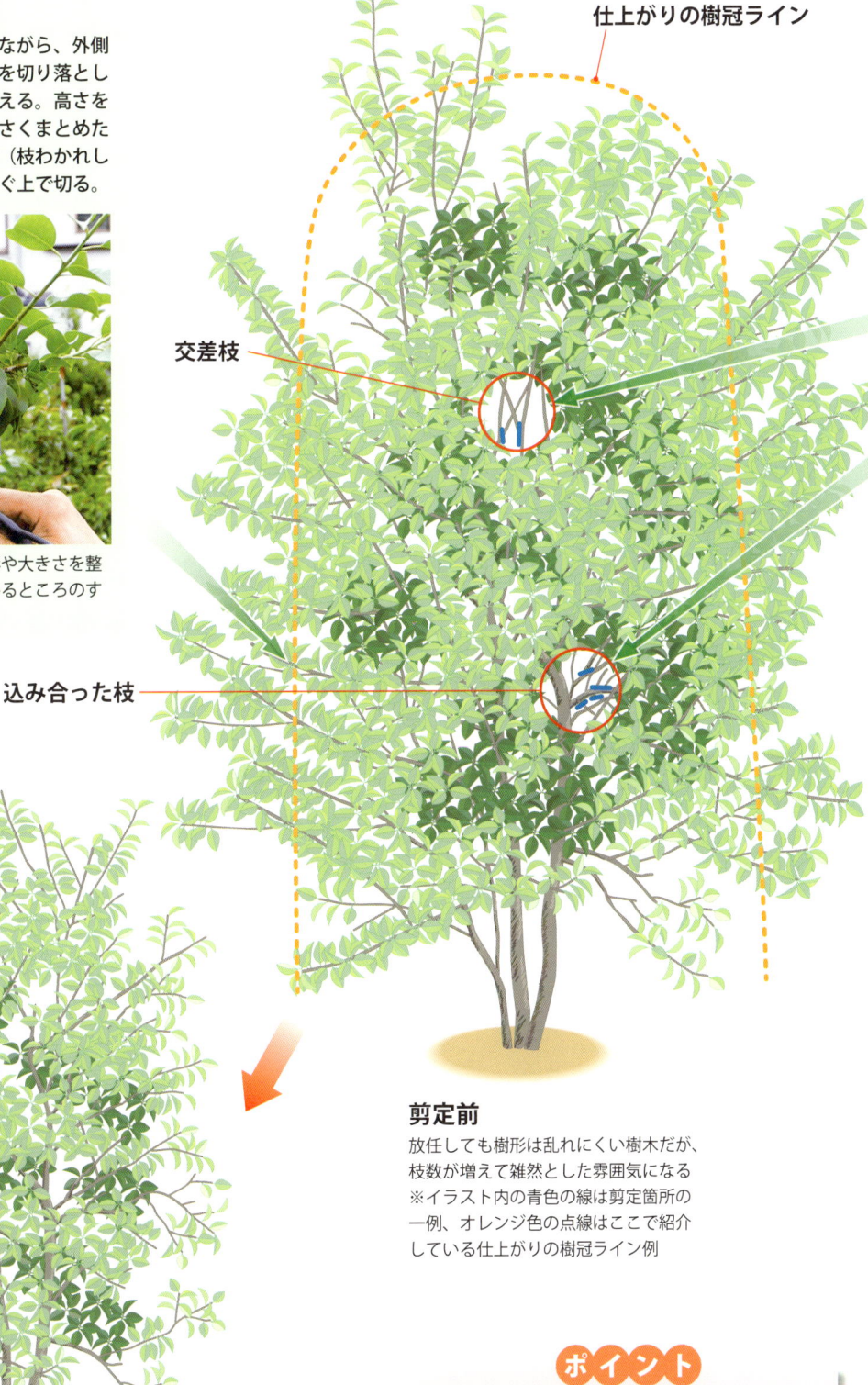

ソヨゴ

常緑樹の剪定

仕上がりの樹冠ライン

交差枝

込み合った枝

剪定前
放任しても樹形は乱れにくい樹木だが、枝数が増えて雑然とした雰囲気になる
※イラスト内の青色の線は剪定箇所の一例、オレンジ色の点線はここで紹介している仕上がりの樹冠ライン例

剪定後
不要な枝が整理されて、かなりさっぱりとした。大きさも状況に合わせて整える

ポイント
- 放任しても、それほど樹形は乱れないので、剪定は不要な枝の整理や大きさをまとめるだけでもよい
- 株立ちの場合は、葉を透かして、幹を見せると美しい

ツバキ

【椿】 ツバキ科ツバキ属
《別名》タイトウカ

基本の剪定（春）

❶不要な枝を切り落とす

込み合った枝や内向枝、交差枝などの不要枝（→P.12）は切り落としてすっきりさせる。

込み合った枝は整理して、ふところの風通しや日当たりをよくする

❷形を整える

全体のバランスを見ながら、外側の枝や樹冠を乱す枝を切り落として、形や大きさを整える。高さを維持したい場合や小さくまとめたい場合は、主幹を切る。

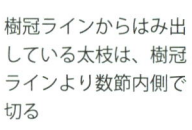

樹冠ラインからはみ出している太枝は、樹冠ラインより数節内側で切る

ワンポイントアドバイス
全体的な枝葉の密度を均一に

枝葉が込んでいる場合は透かすのが基本だが、その際に全体的な密度が均一になるように心がけると、きれいにまとまる。

剪定後の様子。ふところまで日が差すように均一に剪定するのがポイント

日本庭園には欠かせない鮮やかな照葉と美しい花

一般的に、ツバキはツバキ科ツバキ属の植物の総称ですが、狭義にはヤブツバキという花木を指します。園芸品種はとても豊富です。冬から春に咲く花はとても美しく、その鮮やかな緑の照葉とあいまって、日本庭園には欠かせない庭木のひとつになっています。また、種子を絞った油は、食用油や整髪料など、幅広く利用されています。

大きさ	卵形3〜6m	仕立て方	自然樹形、生垣など
花色	白、ピンク、赤	耐陰性	強い
実色	茶	耐寒性	やや強い

	1	2	3	4	5	6	7	8	9	10	11	12
観賞	■	■	■	■						■	■	■
剪定		■	■	■								
花芽							■	■	■			

観賞：花　剪定：最適期　可能期　花芽：付期

ワンポイントアドバイス

葉の切り口を残さない

葉を無視して枝を切ると、葉にハサミの切り口が残ることがある。切り口はやがて茶色く変色し、汚く目立ってしまう。剪定時からていねいに葉をよけて切るか、剪定後に葉に切り口が残ってないか確認すること。

葉にハサミの切り口が残ったままにしておくのはNG

切り口が残った葉

ツバキ

常緑樹の剪定

仕上がりの樹冠ライン

内向枝

込み合った枝

剪定前
放任しても樹形はそれほど乱れないが、枝葉が密集した部分ができてしまう
※イラスト内の青色の線は剪定箇所の一例、オレンジ色の点線はここで紹介している仕上がりの樹冠ライン例

剪定後
込み合った部分を透かして、枝や葉が均一になった。ふところの日当たりや風とおしがよくなるので、枯れ込みも防ぐことができる

ポイント

- 放任しても樹形はそれほど乱れないが、枝葉が密集しやすいので、減らしてふところの日当たりや風通しをよくする。仕上げは枝葉の密度が均一になるように心がける
- 葉の美しさも楽しみたい樹木なので、ハサミの切り口が残らないように気をつける
- 毒のあるチャドクガという害虫がつきやすい（とくに5月と8月）。葉に虫食いのあとがある場合は不用意に作業を続けない

トキワマンサク

【常磐万作】　マンサク科 トキワマンサク属
《別名》—

刈り込み剪定にも耐えられ生垣としても人気

原産地は中国。暖地の山野の樹木ですが、日本では、熊本県荒尾市の小岱山などの限られた地域にしか自生していません。もともとは白い花を咲かす樹木でしたが、最近は、濃いピンク色の花が咲く、ベニバナトキワマンサクなどの園芸種も人気となっています。葉が赤紫色をしたものもあり、花が楽しめる生垣としてもよく利用されます。

刈り込み剪定（春）

太枝を切り落とす

太枝は刈り込みバサミで刈りにくいため、まずは想定する刈り込み面からはみ出ているものがあれば、それを切り落とす。想定する刈り込み面よりも数節内側で切るのがポイント。

刈り込む前に太枝を整理して、刈り込みやすくする

刈り込みバサミで刈り込む

太枝の整理が終わったら、刈り込みバサミを使用して、形や大きさを整える。おおまかに刈ったら、一度少し離れた位置から全体を見て、凸部を刈って仕上げる。

側面、上面ともに、刈り込みバサミを使って形を整えていく

大きさ 広卵形3〜6m	**仕立て方** 自然樹形、生垣など	
花　色 白、赤、ピンク	**耐陰性** やや強い	
実　色 緑	**耐寒性** 普通	

	1	2	3	4	5	6	7	8	9	10	11	12
観賞			■	■								
剪定		■	■	■	■	■	■	■				
花芽						■	■	■	■			

観賞：■花　剪定：■最適期　■可能期　花芽：■付期

トキワマンサク

常緑樹の剪定

剪定前
長くはみ出た枝が多く、大きく乱れている
※写真内のオレンジ色の点線はここで紹介している仕上がりの樹冠ライン例

剪定後
刈り込み面が美しく整えられて、きれいな生垣となった

ワンポイントアドバイス

水糸を張る

慣れるまでは、刈り込んだあとの水平面や垂直面をきれいに仕上げるのは難しいもの。そこで、基準とするために、糸を張るとよい（この糸を水糸と呼ぶ）。

水糸をまっすぐ張ってそれを基準に切ると、きれいに仕上げることができる

ポイント

- 萌芽力が強く、枝葉の数も多いので、刈り込み剪定に向いている
- ベニバナトキワマンサクは立ち枝が出やすい。剪定は樹形を乱しているもの（強く伸びているもの）の整理からはじめる

ナンテン

【南天】 メギ科ナンテン属
《別名》ナツテン、ナルテン

基本の剪定（春）

大きさをまとめる

ナンテンはそれほど剪定を必要としない樹木。剪定が必要となるのは、主として大きさをまとめたい場合。状況に応じた高さになるように主幹を節（枝わかれしているところ）のすぐ上で切る。

上の写真の点線が、今回の樹冠。枝わかれしているところのすぐ上で切って、大きさをまとめていく

葉を透かす

葉が込み合い、全体的にもっさりとした感じが好ましくなければ、数を減らしてすっきりさせる。

葉を整理する際には、葉柄のつけ根から切る

晩秋に実る赤い果実が和風庭園によく似合う

秋の紅葉、晩秋に実る赤い果実が美しく、性質もとても丈夫なため、玄関先や庭によく植えられる定番のひとつとなっています。とくに和風庭園によく似合います。

表面に光沢がある濃緑色の葉は防腐作用があることが知られていて、料理の飾りとして添えられます。白い果実がなるシロミナンテンもあります。

大きさ	卵形2〜3m	仕立て方	株立ち
花色	白	耐陰性	やや強い
実色	白、赤	耐寒性	やや強い

	1	2	3	4	5	6	7	8	9	10	11	12
観賞												
剪定												
花芽												

観賞：■花 ■実　剪定：■最適期 ■可能期 ■不適期　花芽：■付期

128

ワンポイントアドバイス

立ち数を減らす

株立ちのものは、根元から切って、立ち数を減らすとすっきりする。また、古い株と新しい株が混在している場合は、好みに応じてどちらかを根元から切り、古いものもしくは新しいものだけにすると統一感が出る。

古い株　新しい株

古い株と新しい株は幹の色が違う

ナンテン

常緑樹の剪定

仕上がりの樹冠ライン

込み合った枝

剪定前
放任しても自然樹形を楽しめる。高さは3mほどになる
※イラスト内の青色の線は剪定箇所の一例、オレンジ色の点線はここで紹介している仕上がりの樹冠ライン例

剪定後
込み合った部分も剪定すると、すっきりとした印象になった。大きさもコンパクトにまとまった

ポイント
- 放任しても、それほど樹形は乱れないので、剪定は大きさをまとめる程度でもよい
- 葉が込み合っているところがあれば、透かして樹全体が均一になるようにする

基本の剪定(春)

❶不要な枝(葉)を切り落とす

込み合った部分を透かすと、美しい幹の姿を楽しめる。

込み合った部分があれば、葉数を減らす

ワンポイントアドバイス

汚れた葉を整理する

ヒイラギナンテンは、鋸歯がある葉の美しさも魅力のひとつ。傷ついた葉や汚れた葉がある場合は、できるだけ切り落とす。

傷ついた葉

傷ついた葉がある場合は葉柄ごと切り落とすのも選択肢のひとつ

ヒイラギナンテン

【柊南天】 メギ科ヒイラギナンテン属
《別名》トウナンテン

黄色い小花が穂状に咲き紫色の実や紅葉も楽しめる

ヒイラギのようにギザギザのある縁をした葉を持ち、ナンテンに似た小さな実がなる常緑樹ただし、実色は、ナンテンが赤いのに対して、ヒイラギナンテンは紫色をしています。

春には黄色い小花が穂状に咲き、寒さに当たると葉が赤く変色するため冬には紅葉も楽しめます。冬咲きや葉が細いものなど、いろいろな品種があります。

大きさ 株立ち1〜1.5m		**仕立て方** 自然樹形
花色 黄		**耐陰性** やや強い
実色 紫		**耐寒性** 普通

	1	2	3	4	5	6	7	8	9	10	11	12
観賞			花	花		実	実					
剪定			最適期	最適期	可能期							
花芽						付期	付期	付期	付期	付期		

観賞：■花 ■実 剪定：■最適期 ■可能期 花芽：■付期

仕上がりの樹冠ライン

ヒイラギナンテン

常緑樹の剪定

❷形を整える

全体のバランスを見ながら、外側の幹や樹冠を乱す枝を切り落として、形や大きさを整える。高さを維持したい場合や小さくまとめたい場合は、主幹を節(枝わかれしているところ)のすぐ上で切る。

樹冠からはみ出している幹は、樹冠より内側で切る

込み合った葉

剪定前

放任してもそれほど樹形は乱れないが、枝が込み合い、不均一な部分ができてしまう
※イラスト内の青色の線は剪定箇所の一例、オレンジ色の点線はここで紹介している仕上がりの樹冠ライン例

剪定後

不要な葉が整理されて込み具合が均一になり、すっきりとした樹形になった。大きさもコンパクトにまとまった

ポイント

● 込み合った部分(とくに下側)を間引くと、美しい幹の姿が楽しめる
● 汚れた葉が出てきやすい。美しさを保つためには、それらを切り落とす

ヒサカキ

【姫榊】 ツバキ科ヒサカキ属
《別名》アクシバ、ビシャコ

お供えものに用いられる葉が美しい強健な樹木

神棚や祭壇に供えられるサカキの近縁種でよく似ていますが、サカキよりも葉が小さく、ギザギザ(鋸歯)があります(剪定の仕方は基本的にヒサカキもサカキも同じ)。

お供えものとしては、関東より南ではサカキ、関東より北ではヒサカキが多く用いられます。性質は強健で、萌芽力も強いため、生垣にも適します。

大きさ	広円錐形4～7m	仕立て方	自然樹形、生垣など
花色	―	耐陰性	強い
実色	黒	耐寒性	強い

	1	2	3	4	5	6	7	8	9	10	11	12
観賞												
剪定			■	■	■	■	■					
花芽												

剪定：■最適期 ■可能期

基本の剪定(春)

❶不要な枝を整理する

込み合った枝や幹吹き、内向枝などの不要枝(→P.12)を切って整理する。主幹から生えている枝の間隔が狭い場合は、太い枝であっても切る。

主幹から生えている枝が込み合っている場合は、不要な枝をつけ根から切って整理する

❷形を整える

全体のバランスを見ながら、外側の枝や樹冠を乱す枝を切り落として、形や大きさを整える。高さを維持したい場合や小さくまとめたい場合は、主幹を節(枝わかれしているところ)のすぐ上で切る。

枝先を切るなどして形や大きさを整える。枝わかれしているところのすぐ上で切るのが基本

ワンポイントアドバイス❶

葉の密度が濃い部分を透かす

ヒサカキは枝や葉が多い樹木。葉や枝の密度が濃い部分がある場合は、そこを整理することによって、より見た目が美しくなる。

剪定後の仕上がり。込み合った部分を透かして、表面の葉数を均一にすると、より見た目が美しくなる

ワンポイントアドバイス❷

刈り込みバサミを使う

枝数が多いので、手間を省くために、刈り込みバサミを使ってもよい。刈り込みをした場合は、ほかの多くの樹木と同様、刈り込んだあとの目立つ切り口を木バサミで整理することを忘れずに。

刈り込みバサミを使用すると手間が省ける

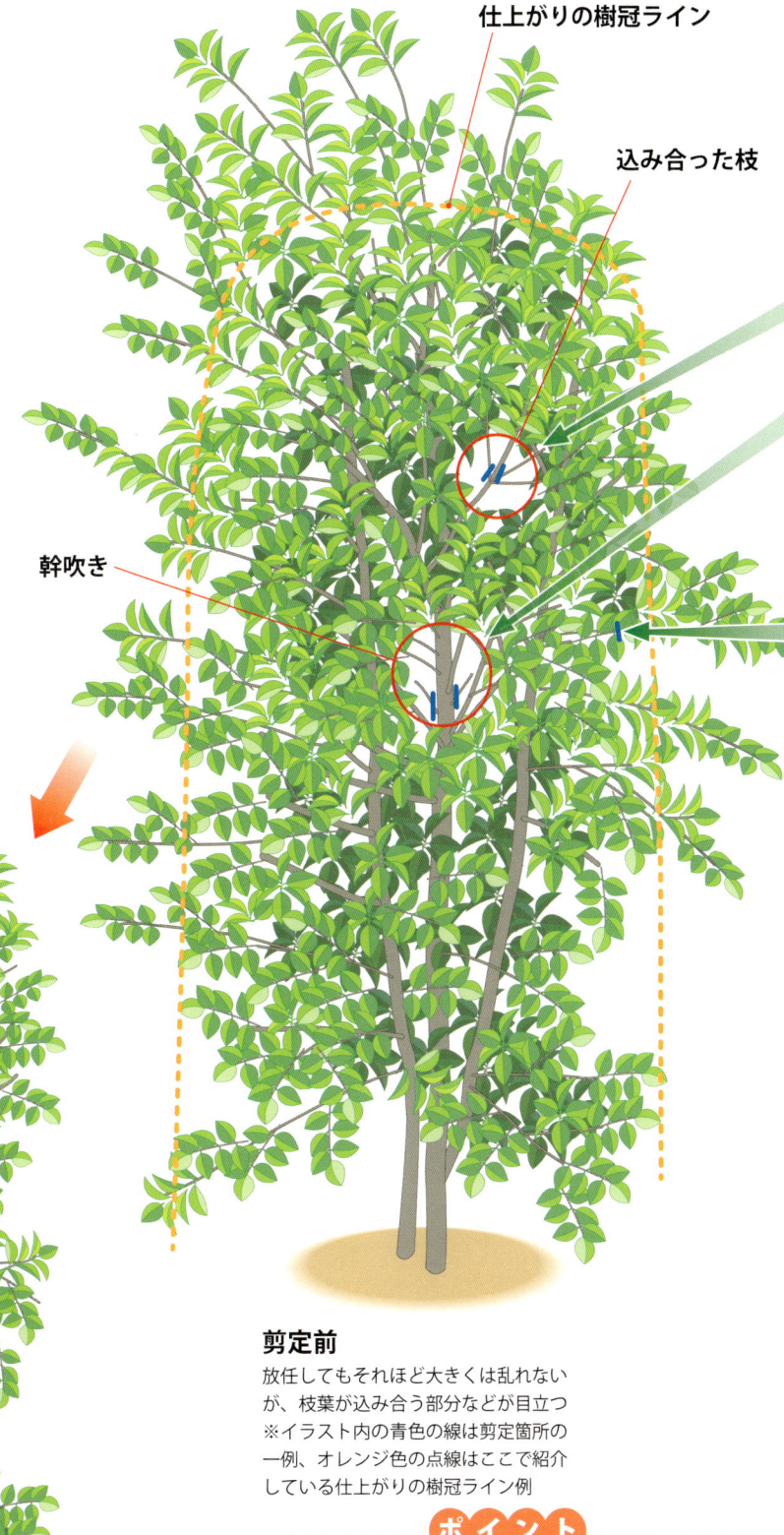

ヒサカキ

常緑樹の剪定

仕上がりの樹冠ライン

込み合った枝

幹吹き

剪定前
放任してもそれほど大きくは乱れないが、枝葉が込み合う部分などが目立つ
※イラスト内の青色の線は剪定箇所の一例、オレンジ色の点線はここで紹介している仕上がりの樹冠ライン例

剪定後
樹全体の込み具合が均一になった。大きさもひとまわり小さくなった

ポイント

- サカキもヒサカキも剪定の考え方は基本的に同じ
- 樹全体が均一になるように、枝葉の密度が濃い部分は透かすと、より美しい仕上がりとなる
- 萌芽力が強いので、刈り込み剪定にも適している

133

基本の剪定（春）

❶不要な枝を切り落とす

込み合った枝や内向枝、交差枝などの不要枝（→P.12）は切り落としてすっきりさせる。

内向枝は樹形を乱すので、基本的に剪定の対象になる

❷形を整える

全体のバランスを見ながら、外側の枝や樹冠を乱す枝を切り落として、形や大きさを整える。高さを維持したい場合や小さくまとめたい場合は、主幹を節（枝わかれしているところ）のすぐ上で切る。

枝先を切るなどして形や大きさを整える

ワンポイントアドバイス❶

花を楽しむなら短めの枝を残す

花や実は短めの枝につくので、翌年にそれらを楽しみたい場合は、短めの枝はできるだけ残す。

短めの枝

花や実のことを考えるならば、できるだけ短めの枝は残したい

ピラカンサ

【一】 バラ科トキワサンザシ属
《別名》タチバナモドキ、トキワサンザシ

盆栽としても人気が高い赤や黄の小さな実

ピラカンサは、トキワサンザシ属（またの名をピラカンサ属）の総称であり、具体的な樹種名としてはトキワサンザシやタチバナモドキなどがあります。

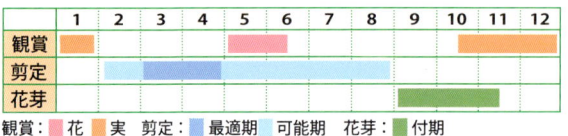

初夏にたくさんの白い小さな花をつけ、秋～冬には野鳥の好物でもある赤色や黄色の小さな実を多くつけます。また、盆栽として利用されることもあります。

大きさ	半球形2～5m	仕立て方	自然樹形、段づくりなど
花色	白	耐陰性	普通
実色	赤、黄、オレンジ	耐寒性	やや強い

	1	2	3	4	5	6	7	8	9	10	11	12
観賞	■				■	■				■	■	■
剪定			■	■	■							
花芽									■	■		

観賞：花 実　剪定：最適期 可能期　花芽：付期

134

ワンポイントアドバイス❷

トゲに要注意

バラ科の樹木であるピラカンサには、枝にトゲがある。このトゲはやがて短枝となり、花（実）をつけることとなるが、剪定時にはケガをしないように注意が必要となる。

剪定時にはトゲでケガをしないように要注意

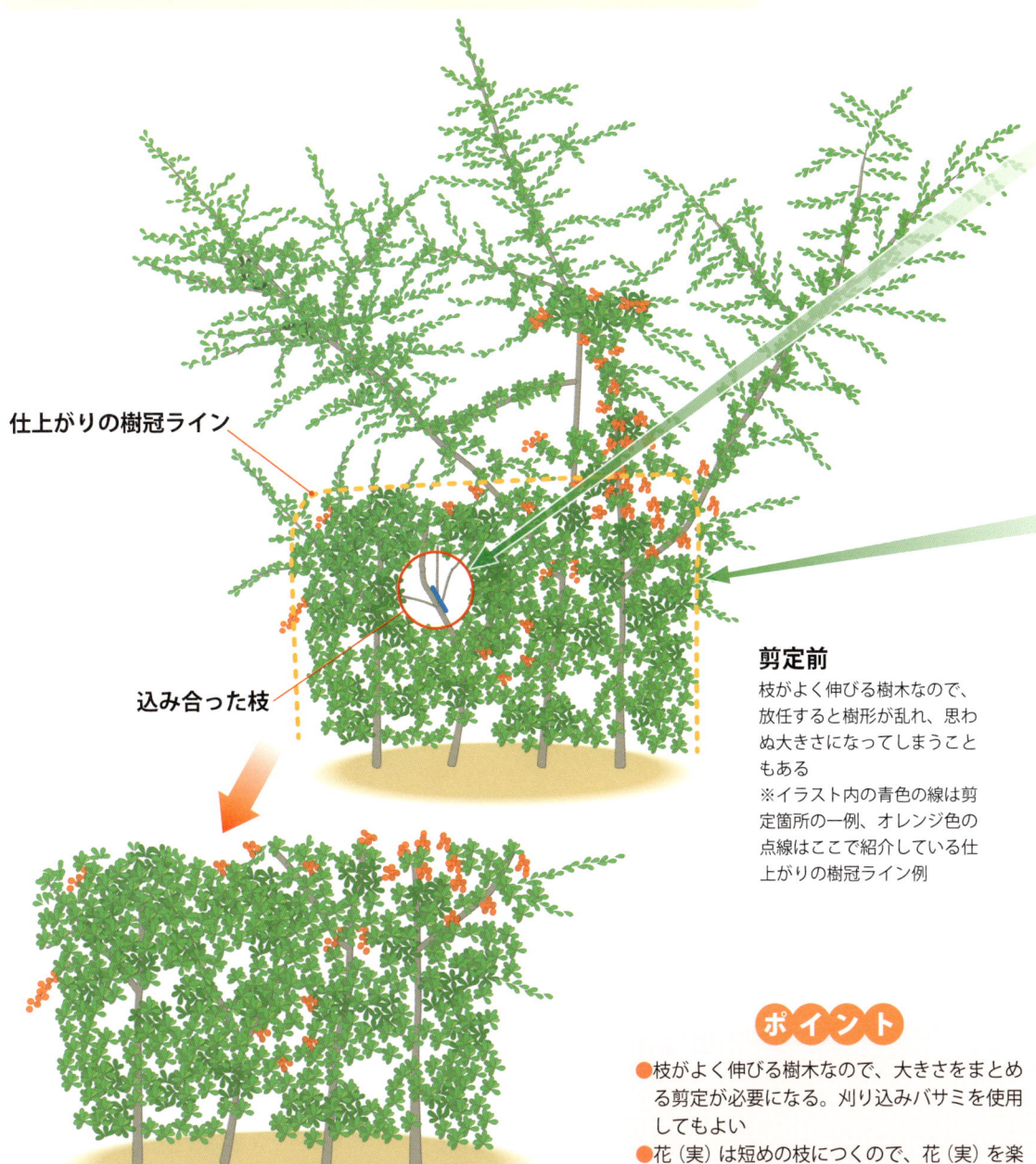

トゲ

ピラカンサ

常緑樹の剪定

仕上がりの樹冠ライン

込み合った枝

剪定前
枝がよく伸びる樹木なので、放任すると樹形が乱れ、思わぬ大きさになってしまうこともある
※イラスト内の青色の線は剪定箇所の一例、オレンジ色の点線はここで紹介している仕上がりの樹冠ライン例

剪定後
大きさがまとめられた。不要な枝もなくなり、全体にすっきりとした

ポイント

- 枝がよく伸びる樹木なので、大きさをまとめる剪定が必要になる。刈り込みバサミを使用してもよい
- 花（実）は短めの枝につくので、花（実）を楽しみたければ、長い枝を切り戻して短い枝を多めにする
- バラ科で枝にトゲがあるので、剪定時にはケガに注意する

モチノキ

【黐木】 モチノキ科モチノキ属
《別名》モチ

緑色の照葉が美しい 日本を代表する庭木

樹皮は粘り気の強いゴム状の粘着質の物質を含んでいて、かつてはこれを精製して、鳥や昆虫を捕まえるのに使う「とりもち」をつくっていました。

日本を代表する庭木のひとつで、緑色の照葉が美しく、晩秋から冬にかけて赤い実を楽しめます。雌雄異株なので、実を楽しみたければ雌株を選ぶようにしましょう。

大きさ	長卵形 5～8m	仕立て方	自然樹形など
花 色	黄緑	耐陰性	強い
実 色	赤	耐寒性	強い

	1	2	3	4	5	6	7	8	9	10	11	12
観賞				■							■	■
剪定		■	■	■		■	■					
花芽								■	■	■		

観賞：■花 ■実　剪定：■最適期 ■可能期　花芽：■付期

基本の剪定（春）

❶不要な枝を切り落とす

込み合った枝や立ち枝、内向枝などの不要枝（→P.12）は切り落としてすっきりさせる。

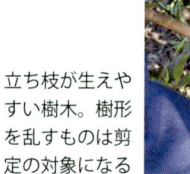

立ち枝

立ち枝が生えやすい樹木。樹形を乱すものは剪定の対象になる

❷形を整える

全体のバランスを見ながら、外側の枝や樹冠を乱す枝を切り落として、形や大きさを整える。高さを維持したい場合や小さくまとめたい場合は、主幹を節（枝わかれしているところ）のすぐ上で切る。

枝先を切るなどして形や大きさを整える。枝わかれしているところのすぐ上で切るのが基本

ワンポイントアドバイス❶
込み合った部分を透かす

枝葉が込み合いやすいが、大胆に透かしたほうが、すっきりとした樹形を楽しめ、病虫害の被害を受けにくくなる。好みにもよるが、思い切って透かすことも考えたい。

剪定後の様子。枝数がかなり整理されている

ワンポイントアドバイス❷

刈り込みバサミを使う

枝葉が多い樹木なので、形を整えたいだけならば、刈り込み剪定をしてもよい。刈り込みバサミを使うと、枝とともに葉も無造作に切ってしまうため、傷ついた葉があれば剪定後にとり除くのがポイント。

刈り込みバサミを使うとより少ない手間で形を整えられる

モチノキ

常緑樹の剪定

仕上がりの樹冠ライン

立ち枝

込み合った枝

剪定前
放任してもそれほど樹形は乱れないが、枝葉の込み合った部分が目立ってしまう
※イラスト内の青色の線は剪定箇所の一例、オレンジ色の点線はここで紹介している仕上がりの樹冠ライン例

剪定後
きれいな形にまとまった。込んだ部分を剪定することによって、樹全体の色合いも均一なものになった

ポイント
- 強めの剪定や刈り込み剪定にも耐えられる。円柱形などに仕立ててもよい
- 枝葉が込み合いやすいが、大胆に透かしてもよく、そのほうが病気や害虫の被害を受けにくくなる

モッコク

【木斛】 ツバキ科モッコク属
《別名》 アカミノキ

厚葉と枝ぶりの気品は まさに庭木の王様

光沢のある厚葉と枝ぶりに気品があり、「庭木の王様」とも呼ばれています。

新葉は赤みを帯び、斑入り種もあります。もともと海岸に自生していたので、潮風や強い日差しにも強い樹木。ただし、寒さにはそれほど強くなく、できれば寒風が当たらない場所に植えたいところ。おもに関東以西で植栽されています。

大きさ	卵形5～8m	仕立て方	自然樹形、段づくりなど
花 色	白	耐陰性	やや強い
実 色	赤	耐寒性	普通

	1	2	3	4	5	6	7	8	9	10	11	12
観賞						花	花			実	実	実
剪定		可能期	最適期	最適期	可能期			不適期	可能期	可能期		
花芽								付期	付期	付期		

観賞：■花 ■実　剪定：■最適期 ■可能期 ■不適期　花芽：■付期

基本の剪定（春）

❶不要な枝を切り落とす

込み合った枝や立ち枝、内向枝などの不要枝（→P.12）は切り落としてすっきりさせる。

立ち枝などを透かして、ふところの風通しや日当たりをよくする

ワンポイントアドバイス

刈り込みバサミを使う

枝葉が多い樹木なので、形を整えたいだけならば、刈り込み剪定でもよい。その場合は、剪定後に節の途中で切れた目立つ部分や刈りあとが残っている葉などをとり除くのがポイント。

刈り込みバサミを使うとより少ない手間で形を整えられる

刈り込み剪定後に節の途中でできれている部分があれば切って整理する

❷形を整える

全体のバランスを見ながら、外側の枝や樹冠を乱す枝を切り落として、形や大きさを整える。高さを維持したい場合や小さくまとめたい場合は、主幹を節（枝わかれしているところ）のすぐ上で切る。

枝先を切るなどして形や大きさを整える。枝わかれしているところのすぐ上で切るのが基本

仕上がりの樹冠ライン

立ち枝

込み合った枝

剪定前
放任しても樹形は大きくは乱れないが、枝葉が込み合ってしまう
※イラスト内の青色の線は剪定箇所の一例、オレンジ色の点線はここで紹介している仕上がりの樹冠ライン例

剪定後
込み合った部分が整理されて、樹全体の色合いが均一なものになった

モッコク

常緑樹の剪定

ポイント
- 放任してもある程度樹形は整うが、強めの剪定や刈り込み剪定も耐えられるので、段づくり、円錐形、円柱形などに仕立ててもよい
- 形を整えるだけであれば、刈り込み剪定でもよい
- 枝葉が込み合いやすいが、大胆に透かしてもよく、そのほうが病虫害の被害を受けにくくなる。葉を3枚だけ残す「3枚透かし（→P.170）」という方法もある。

アオキ

【青木】 ミズキ科アオキ属
（別名）―

名前の通り青々と茂り日陰の彩りに最適

名前は、「青々した木」であることに由来。光沢のある葉が美しく、品種によってさまざまな斑が入ります。晩秋から冬には赤い実も楽しめ（雌雄異株のため実がなるのは雌株）、生垣や鉢植えなどに幅広く利用されています。耐陰性が強く、性質も強健なため、日陰の彩りに最適です。

基本の剪定（春）

ワンポイントアドバイス

強い枝は内側で切る

強い枝は、そこに養分が集中して、より強くなりがちとなる。生長後のことを考えて、樹冠からはみ出した枝を切る際には樹冠より数節内側で切る。

強い枝

強い枝は樹冠ラインより内側で切り落とす

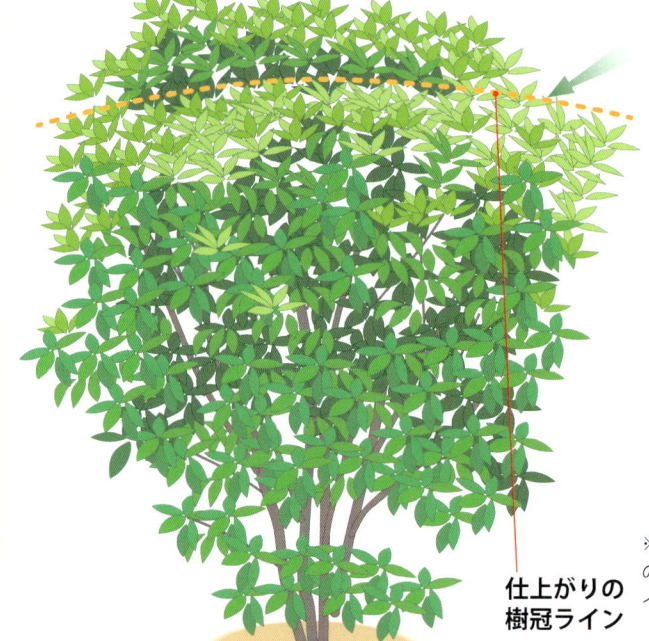

仕上がりの樹冠ライン

形を整える

全体のバランスを見ながら、外側の枝や樹冠を乱す枝を切り落として、形や大きさを整える。

樹冠ラインからはみ出している枝を切り落とす

※イラスト内のオレンジ色の点線は仕上がりの樹冠ライン例

ポイント
- 放任してもある程度樹形は整う。ただし、生長が早いので、大きさの注意は必要
- 萌芽力が強く、どこで切ってもよく芽が出る

大きさ	低卵形 1～3m	仕立て方	自然樹形
花色	紫	耐陰性	強い
実色	赤	耐寒性	強い

	1	2	3	4	5	6	7	8	9	10	11	12
観賞												
剪定												
花芽												

観賞：■花　■実　剪定：■最適期　■可能期　花芽：■付期

オリーブ

【阿列布】 モクセイ科オリーブ属
《別名》カンラン、ホルトノキ

葉色が美しく実は食用としても有名

食用にもなる実が有名ですが、葉色もきれいです。原産地は地中海地方で、もっとも古くから栽培されていた植物のひとつ。カンランと呼ばれることもありますが、カンラン科ではありません。多くの実を採るためには、オリーブを2本以上隣接して植えた方がよいとされています。

基本の剪定（春）

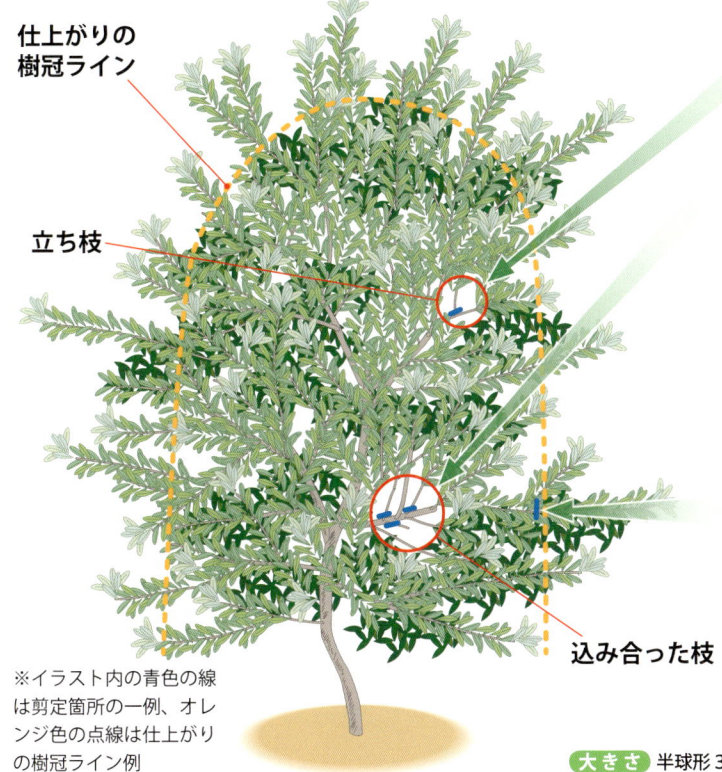

- 仕上がりの樹冠ライン
- 立ち枝
- 込み合った枝

※イラスト内の青色の線は剪定箇所の一例、オレンジ色の点線は仕上がりの樹冠ライン例

❶不要な枝を切り落とす

込み合った枝や立ち枝、内向枝などの不要枝（→P.12）を切り落としてすっきりさせる。

立ち枝は樹形を乱すので、切り落とすのが基本

❷形を整える

全体のバランスを見ながら、外側の枝や樹冠を乱す枝を切り落として、形や大きさを整える。高さを維持したい場合や小さくまとめたい場合は、主幹を節（枝わかれしているところ）のすぐ上で切る。

枝先を切るなどして形や大きさを整える

ポイント
- 強健で萌芽力も強いため、刈り込み剪定にも適している
- 細かい枝が出やすいので、気になるようであれば不要な枝をこまめに切る

大きさ	半球形3～5m	仕立て方	自然樹形
花 色	白	耐陰性	普通
実 色	黒	耐寒性	普通

	1	2	3	4	5	6	7	8	9	10	11	12
観賞					花					実	実	
剪定	不適期	最適期	最適期	可能期								不適期
花芽								付期	付期			

観賞：■花 ■実　剪定：■最適期 ■可能期 ■不適期　花芽：■付期

アオキ／オリーブ　常緑樹の剪定

シャリンバイ

【車輪梅】 バラ科シャリンバイ属
《別名》タチシャリンバイ、ハマモッコク

梅に似た花が咲き
秋には黒色の実も楽しめる

名前の由来は、1カ所から多数出る小枝が車軸のように見え、花が梅に似ているからです。その花からは甘い香りがします。楕円形をした厚い葉は深緑色で艶があり、秋には球形の黒色をした実も楽しむことができます。性質は強健で、潮にも強く、海沿いの地域でもよく植栽されています。

刈り込み剪定（花後）

刈り面を整える
刈り込みバサミを使った場合、仕上げとして、節の途中で切れているところは節上で切って刈り面を整える。

ワンポイントアドバイス
花柄を摘む
花後に剪定する場合は、花柄を摘むのが基本。これを行わないとそこに養分をとられて、翌年の花つきが悪くなってしまう。

花柄が残っているようであれば摘む

仕上がりの樹冠ライン

形を整える
全体のバランスを見ながら、外側の枝や樹冠を乱す枝を切り落として、形や大きさを整える。枝数が多いので、刈り込みバサミを使うことが多い。

刈り込みバサミを使い、形や大きさを整える

※イラスト内のオレンジ色の点線は仕上がりの樹冠ライン例

ポイント
- 萌芽力は強いので、刈り込み剪定してもよい
- 樹形は乱れにくいので、剪定は形や大きさを整える程度でもよい。ただし、翌年の花つきをよくするために花柄はとりたい
- 骨格をつくりなおしたい場合などは春に剪定を行う

大きさ	半球形2〜3m	
花色	白、赤紫	
実色	黒	
仕立て方	自然樹形、生垣など	
耐陰性	やや強い	
耐寒性	普通	

	1	2	3	4	5	6	7	8	9	10	11	12
観賞					花	花			実	実	実	
剪定	可能期	可能期	最適期	最適期	最適期	可能期						
花芽								付期	付期	付期		

観賞：■花 ■実　剪定：■最適期 ■可能期　花芽：■付期

142

ヤツデ

【八手】 ウコギ科ヤツデ属
《別名》オニノテ、テングウチワ

手のひらのような葉をした日陰でも育つ丈夫な樹木

手のひらのようなかたちをした、大きな葉が特徴。関東以西のおもに海岸近くの森林に自生し、庭木としてもよく植えられます（斑入り種も有）。丈夫で日陰でも育つため、日が当たらない場所の目隠しとしても利用可能。冬に小さな白い花が球状に咲き、春には黒い実が楽しめます。

シャリンバイ／ヤツデ　常緑樹の剪定

基本の剪定（春）

※イラスト内の青線は剪定箇所の一例

高さをおさえる

高さをおさえたい場合は、主幹を切り詰める。節（枝わかれしているところ）のすぐ上で切ると、芽がその節から生えて、生長後に自然な樹形になる。

高さをおさえたい場合は、主幹を切る

ワンポイントアドバイス

古い葉を切り落とす

それほど剪定を必要としない樹木だが、大きめの古い葉を整理すると、すっきりとした樹形を楽しめる。

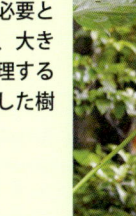

古い葉を整理する場合はつけ根から切り落とす

ポイント
- 放任しても、それほど樹形は乱れないので、剪定は大きさをまとめる程度でもよい
- 樹全体の濃淡を均一にしたければ、枝の剪定後に重なっている葉を切り落とすとよい

大きさ	株立ち2～3m	仕立て方	自然樹形
花色	白	耐陰性	強い
実色	紫	耐寒性	普通

	1	2	3	4	5	6	7	8	9	10	11	12
観賞	花	花			実	実						
剪定			可能期	最適期	最適期	可能期	可能期					
花芽							付期	付期	付期			

観賞：■花 ■実　剪定：■最適期 ■可能期　花芽：■付期

143

ヤマモモ

【山桃】ヤマモモ科ヤマモモ属
《別名》ヤアモ、ヤンモ、ヤンメ

光沢がある葉が美しく公園木としても人気の果樹

光沢がある緑色をした葉が美しく、公園などでもよく見かける常緑高木。6月ごろに赤い実がなり、その実は生食のほかにジャムや果実酒などにも利用されます。さまざまな品種が市販されていますが、雌雄異株のため、実を楽しみたい場合は雌株を選びます。

基本の剪定（春）

仕上がりの樹冠ライン

込み合った枝

❶ 不要な枝を切る
込み合った枝や内向枝、交差枝などの不要な枝（→P.12）を切り落としてすっきりさせる。

❷ 形を整える
全体のバランスを見ながら、外側の枝や樹冠を乱す枝を切り落として、大きさを整える。高さを維持したい場合や小さくまとめたい場合は、主幹を節（枝わかれしているところ）のすぐ上で切る。

枝先を切り落とすなどして大きさを整える

ワンポイントアドバイス

細かい枝を手で抜く

ヤマモモは細かい枝が出やすい樹木。若い枝（緑色をした枝）は、手で簡単に折りとることができ、そのほうが手間はかからない。

若い枝は手で簡単に抜くことができる

※イラスト内の青色の線は剪定箇所の一例、オレンジ色の点線は仕上がりの樹冠ライン例

ポイント
- 萌芽力が強いので、強めの剪定にも耐えられる
- 長い枝には花芽がつきにくいので、短めに切り戻すとよい
- 細かい枝が生えやすい。ふところの風通しや日当たりをよくするため、小枝は整理する

大きさ	広卵形3〜10m	仕立て方	自然樹形、円柱形
花色	ピンク	耐陰性	普通
実色	赤	耐寒性	普通

	1	2	3	4	5	6	7	8	9	10	11	12
観賞				■		■						
剪定												
花芽												

観賞：■花 ■実　剪定：■最適期 ■可能期 ■不適期　花芽：■付期

144

針葉樹の剪定

針葉樹の剪定

針葉樹とは

針葉樹とは、その名の通り、多くは針のように先がとがった細い葉を持つ樹木です。代表的な樹種には、スギやヒバの仲間が挙げられます。

イトスギやカイヅカイブキのように、放任しても自然に円錐形や円筒形にまとまるものが多いのも特徴のひとつ。冬でも葉が落ちることはなく、1年を通じて葉の彩りと樹形を楽しめます。

ふところの枯れ枝は、剪定時に取り除く。簡単に手でこそぎ落とせる樹種も多い。写真はイトヒバ（→P.148）

剪定のポイント

多くの針葉樹は、ふところに目が差さないと、枝が枯れてしまいがち。枯れ枝は剪定時にとり除くようにします。また、枝葉の数が多いため、刈り込みバサミを使用したほうがよい場合も多くあります。ただし、強い剪定は、枝枯れの原因になったり、葉のない部分だけを残すと芽が出てこないこともあるため、注意が必要です。

剪定の時期

一般的に、針葉樹の剪定は、冬から初夏、なかでも早春に行うのがよいとされています。理由は、とくに刈り込み剪定をする場合、その時期に行うとすぐに生長して剪定したあとが目立たなくなるから。

一方、刈り込み面に強い日光が当たると日焼けしてダメージを受けることもあるため、真夏の剪定は避けたほうがよいとされています。ただし、樹種によって、剪定時期が異なることもあるので、それぞれの樹種については、本書に掲載したカレンダーをご参照ください。

タケ・ササの剪定

本章では、タケ（P.156）やササ（P.168）の剪定の仕方も紹介しています。一部を除いて、タケやササの剪定に適した時期は春。剪定のポイントとしては、タケは1～3節ほど残すように大胆に切ると、すっきりとした株立ちを楽しめるようになります。一方ササは、芯（枝の中心の軸）を手で抜くことなどがポイントに挙げられます。

剪定の時期は？

冬～初夏（11月～6月ごろ）が基本。とくに樹木にダメージを与えることがなく、生長してすぐに刈りあとが目立たなくなる早春（2月～3月ごろ）がよい

どんな枝を切る？

ステップ1 ➡ 枯れ枝を中心とした不要枝（→P.12）を整理する

ステップ2 ➡ 樹冠ラインに合わせて、外側の枝を切るなどして形や大きさを整える。刈り込み剪定（→P.18）をすることが多い

針葉樹の剪定

針葉樹の剪定

刈り込みバサミを使う

針葉樹は枝葉が細かい樹種が多いが、刈り込み剪定（→P.18）をするとより少ない手間で形を整えられる

芽を手で摘む

チャボヒバのようにそれほど樹形が乱れない樹種において、現状の大きさは維持したければ、葉先を手で摘むという方法がある。手間はかかるが、切り口が目立たないというメリットがある

仕上がりの樹冠ライン

枯れ枝

込み合った枝

※イラスト内の青色の線は剪定箇所の一例、オレンジ色の点線はここで紹介している仕上がりの樹冠ライン例

イトヒバ

【糸檜葉】 ヒノキ科ヒノキ属
《別名》ヒヨクヒバ

糸のような繊細な葉が美しくたれる

枝が細く長く伸び、名前の通り葉が糸のように美しくたれる常緑針葉樹。刈り込み剪定にも耐えられるので、いろいろな仕立てを楽しむことができ、日本庭園や社寺の境内によく植えられています。

肥沃な土壌を好み、病害虫の心配はそれほど必要ありませんが、日当たりが悪いと葉色が悪くなってしまいます。

大きさ	広円錐形3〜5m	仕立て方	自然樹形、段づくりなど
花 色	—	耐陰性	普通
実 色	—	耐寒性	強い

	1	2	3	4	5	6	7	8	9	10	11	12
観賞												
剪定		■	■	■	■	■	■					■
花芽												

剪定： ■最適期　■可能期

基本の剪定（春）

❶不要な枝を切り落とす

込み合った枝や枯れ枝、交差枝などの不要枝（→P.12）は切り落としてすっきりさせる。ふところ、とくに日が当たらない下側の枝は枯れやすいので、枯れ枝がある場合は枯れ枝を整理する。

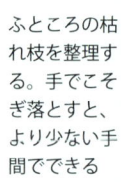

ふところの枯れ枝を整理する。手でこそぎ落とすと、より少ない手間でできる

ひとつの節から多くの枝が出ている場合は、枝を切って整理する

❷形を整える

全体のバランスを見ながら、外側の枝や樹冠を乱す枝を切り落として、形や大きさを整える。葉を残すように切らないと、その枝から芽が出なくなる可能性があるので要注意。

枝先を切るなどして形や大きさを整える。太枝を切って小枝を残す

148

ワンポイントアドバイス

刈り込みバサミを使う

枝数が多いので、手間を省くために、刈り込みバサミを使ってもよい。刈り込みをした場合は、ほかの多くの樹木と同様、刈り込んだあとに太枝を木バサミで整理する。

刈り込みバサミを使用すると、より少ない手間で形を整えられる

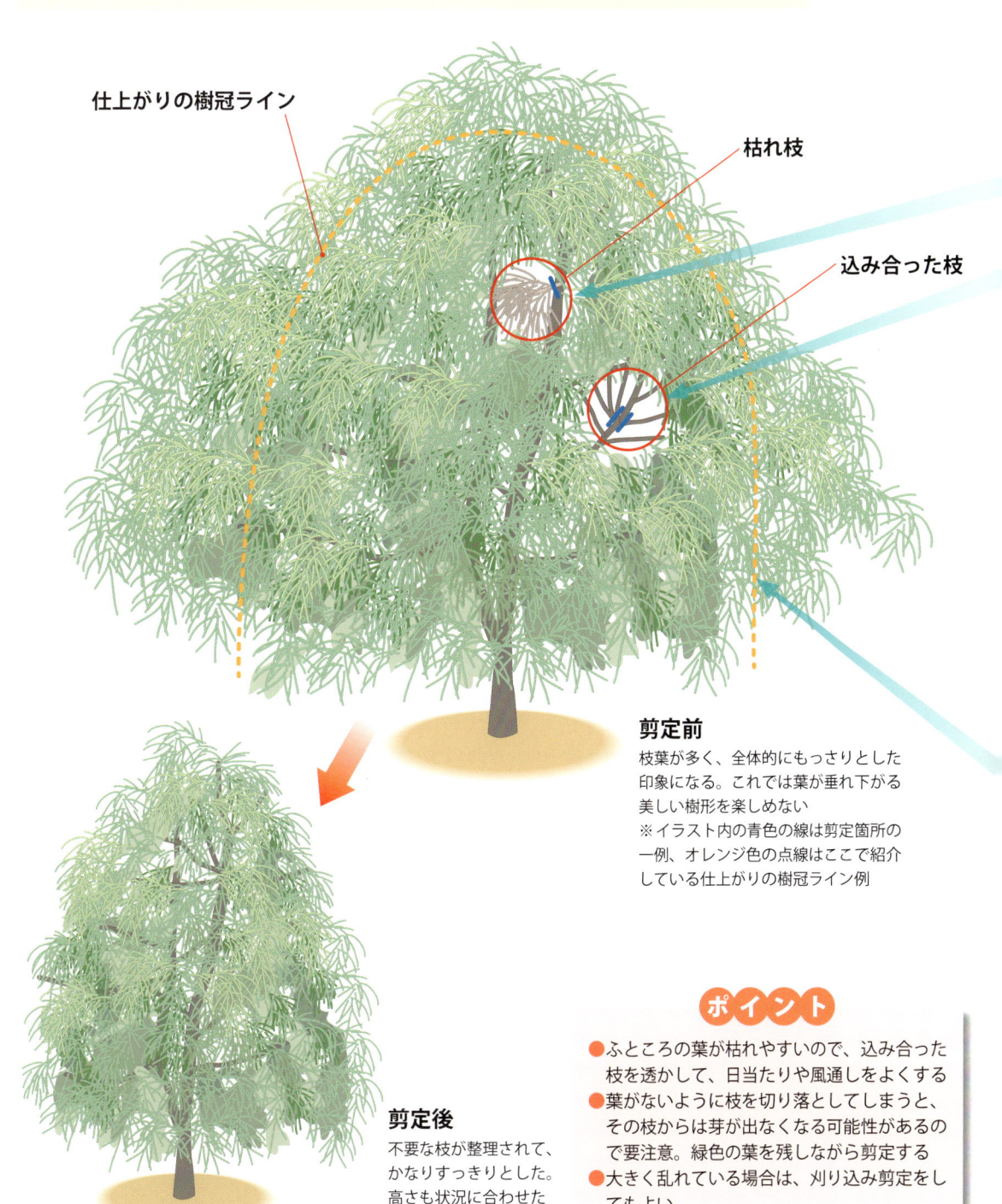

イトヒバ

針葉樹の剪定

仕上がりの樹冠ライン

枯れ枝

込み合った枝

剪定前
枝葉が多く、全体的にもっさりとした印象になる。これでは葉が垂れ下がる美しい樹形を楽しめない
※イラスト内の青色の線は剪定箇所の一例、オレンジ色の点線はここで紹介している仕上がりの樹冠ライン例

剪定後
不要な枝が整理されて、かなりすっきりとした。高さも状況に合わせたものになった

ポイント

- ふところの葉が枯れやすいので、込み合った枝を透かして、日当たりや風通しをよくする
- 葉がないように枝を切り落としてしまうと、その枝からは芽が出なくなる可能性があるので要注意。緑色の葉を残しながら剪定する
- 大きく乱れている場合は、刈り込み剪定をしてもよい

イヌマキ

【犬槙】 マキ科マキ属
《別名》 クサマキ、マキ

和風庭園によく似合う幅広の葉をもつ針葉樹

針葉樹のなかでは、葉が幅広で長いのが特徴のひとつ。和風庭園によく似合います。萌芽力が強く、刈り込み剪定にも耐えられるので、生垣や段づくりなど、いろいろな仕立てを楽しむことができます。

基本的には樹形や葉を楽しむための庭木ですが、春にはひかえめな白い花を咲かせ、秋には緑色の実をつけます。

大きさ	広卵形3～6m	仕立て方	生垣、段づくりなど
花色	白	耐陰性	強い
実色	緑～紫	耐寒性	弱い

	1	2	3	4	5	6	7	8	9	10	11	12
観賞					■							
剪定			■	■	■	■		■	■			
花芽												

観賞:■花 剪定:■最適期 ■可能期 ■不適期

刈り込み剪定（段づくり・初夏）

主幹付近を整理する

主幹から生えている新梢は基本的には不要。生えているようであれば、つけ根から切り落とす。

主幹から生えている新梢はつけ根から切る

はみ出した枝を切り落とす

刈り込みバサミを使う前に、樹冠ラインから大きくはみ出ている太枝があれば、それを切り落とす。想定している樹冠ラインよりも数節内側で切るのがポイント。

はみ出した枝を整理する場合は、樹冠ラインより内側で切る

刈り込みバサミで刈り込む

はみ出した枝の整理が終わったら、刈り込みバサミを使用して、形や大きさを整える。おおまかに刈ったら、少し離れたところから見て、凸部を二度刈りしいくときれいに仕上がる。

基本の形ができているものは、その形にそって刈り込んでいく

ワンポイントアドバイス

裾の整理

段づくりを美しく仕上げるためには、玉の下側の裾もきれいに刈ることが重要となる。

美しく仕上げるには裾を刈ることがポイント

仕上がりの樹冠ライン

剪定前
基本の形ができていればそれほど大きくは乱れないが、枝葉が伸びてその仕立ての美しさを楽しめない
※写真内のオレンジ色の点線はここで紹介している仕上がりの樹冠ライン例

剪定後
不要な枝葉が整理されて、すっきりとした。本来の仕立ての美しさがより際立つ

イヌマキ

針葉樹の剪定

ポイント

- 萌芽力が強く、刈り込み剪定にも耐えられるので、生垣や段づくりなど、いろいろな剪定ができる
- 基本的な形ができているものは、枯れた枝や葉をとりのぞき、基本の形に沿って枝葉を刈り込む
- 初夏の成長期に剪定すると、新芽がすぐに伸びるため、切り口が目立たない

カイヅカイブキ

【貝塚伊吹】 ヒノキ科ビャクシン属
《別名》カイヅカビャクシン

炎のように巻き上がる独特な樹形の人気樹木

暖地の海岸近くに自生する「イブキ」の園芸品種と考えられている樹木。それほど大きくならないので、生垣にもよく利用されています。葉は明るい緑色をしていて、枝は巻き上がるように生長します。

ナシの樹が近くにあると、赤星病を媒介するため、その近くでの栽培は避けたほうがよいでしょう。

大きさ	半球形4～6m	仕立て方	生垣、円柱形など
花 色	―	耐陰性	普通
実 色	―	耐寒性	強い

	1	2	3	4	5	6	7	8	9	10	11	12
観賞												
剪定												
花芽												

剪定：■ 最適期　■ 可能期

基本の剪定（春）

形を整える

外側の枝や樹冠に影響する枝を切り落として、形や大きさを整える。高さを維持したい場合や小さくまとめたい場合は、主幹を節（枝わかれしているところ）のすぐ上で切る。ふところの枯れ枝を中心とする不要枝（→P.12）の整理は、できる範囲程度でよい。

枝先を切り落として形を整える。節上で切るのが基本

ワンポイントアドバイス❶
ハサミを差し込む

樹冠ラインから大きくはみ出している枝を切る際には、ハサミを樹冠の内側へと差し込むこと。そうしないと、切り口が前面に出てしまい、仕上がりが汚くなってしまう。

樹冠にあわせて切るのはNG

ワンポイントアドバイス❷
枝葉を手で摘まむ

枝先や葉先をハサミで切り落とすと、どうしても切り口が目立ちがちとなる。切り口を目立たないようにしたければ、手で摘むという方法もある。

枝先を手で摘むと、切り口が目立たない

152

ワンポイントアドバイス❸

先祖がえりの枝葉は整理する

ヒノキの仲間は、強めの剪定をすると先祖がえり（→P.27）した葉が出てきやすくなる。先祖がえりの枝葉は見栄えがよくないので、剪定の対象となる。

先祖がえりした枝

先祖返りの枝葉は美しさを乱す

カイヅカイブキ

針葉樹の剪定

仕上がりの樹冠ライン

剪定前
生育旺盛で、1年放任すると、枝の強弱が目につくようになる。独特な自然樹形を楽しむにはこれでもよいが、乱れた印象を受ける

剪定後
長く伸びた枝が整理され、きれいな樹形になった。高さをコンパクトにもまとめてもよい

※イラスト内のオレンジ色の点線はここで紹介している仕上がりの樹冠ライン例

ポイント
- 枝が斜め上に巻き上がるように伸びるのが特徴。あまりに強い剪定をすると、独特な樹形を楽しめなくなる可能性がある
- より少ない手間で行うために、刈り込み剪定で形を整えてもよい

刈り込み剪定（春）

太枝を切り落とす

刈り込み剪定をしやすくするため、樹冠ラインからはみ出ている太枝があれば、それを切り落とす。想定している刈り込み面よりも数節内側で切るのがポイント。

刈り込む前に、はみ出た太枝を整理する

刈り込みバサミで刈り込む

太枝の整理が終わったら、刈り込みバサミを使用して、形や大きさを整える。

刈り込みバサミを使って、大きさを整えていく

キャラボク

【伽羅木】　イチイ科イチイ属
《別名》キャラ、ダイセンキャラボク

針状の細かい葉が美しくいろいろな仕立てを楽しめる

庭木としてよく見かける「イチイ」の変種。針状の細かい葉が美しく、鳥取県大山のものは天然記念物に指定されています。生垣をはじめ、幅広い仕立てで楽しまれていて、新芽が黄金色をした品種であるキンキャラなども人気を呼んでいます。

名前は、材の香りが、香木「キャラ」に似ていることに由来しています。

大きさ	半球形2〜5m	仕立て方	生垣、半球形など
花　色	—	耐陰性	強い
実　色	赤	耐寒性	強い

	1	2	3	4	5	6	7	8	9	10	11	12
観賞												
剪定	■	■	■	■	■		■	■				■
花芽												

剪定：■最適期　■可能期　■不適期

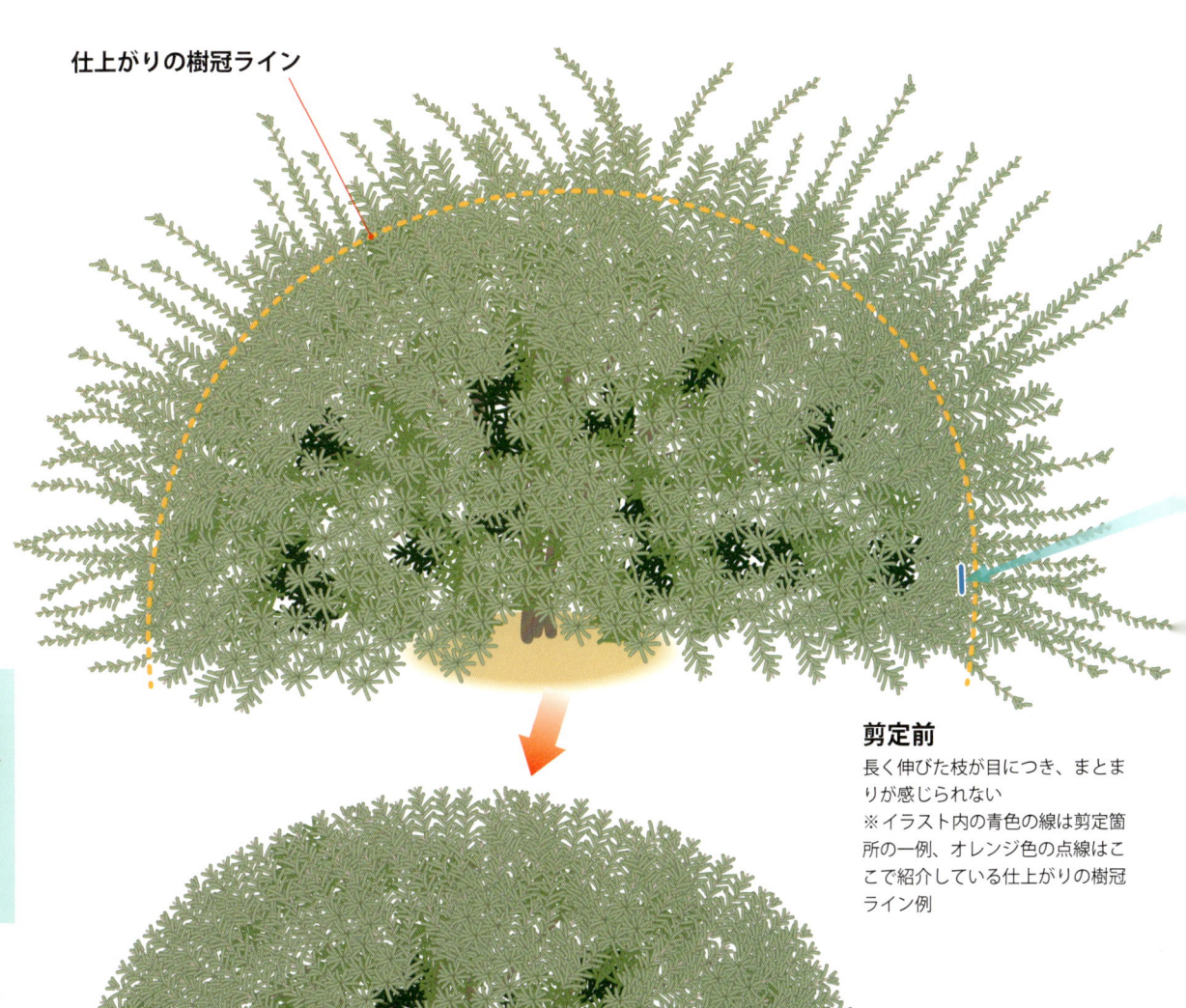

仕上がりの樹冠ライン

剪定前
長く伸びた枝が目につき、まとまりが感じられない
※イラスト内の青色の線は剪定箇所の一例、オレンジ色の点線はここで紹介している仕上がりの樹冠ライン例

剪定後
長めの枝が整理されて、きれいな半球形となった

キャラボク

針葉樹の剪定

切り口などを整理する

刈り込み剪定が終わったら、切り口が目立つところや長めに残っている枝を節（枝わかれしているところ）のすぐ上で切り落として仕上げる。

切り口が目立つところは切りなおすと、より美しい仕上がりとなる

ポイント
- 萌芽力が強く、刈り込みにも耐えられるので、いろいろな仕立てを楽しむことができる。枝を曲げて誘引しやすいので、模様木なども可能
- 生育は比較的緩慢。樹形をつくるのには、ある程度の時間を要する

タケ

【竹】 イネ科
《別名》—

美しい幹と涼しげな葉が和風庭園によく似合う

とても多くの種類（日本だけでも100種以上）がある樹木。桿（さお）と呼ばれる美しい幹と涼しげな葉が和風庭園によく合い、古くから親しまれてきました。桿は材木や工芸品の素材に利用され、地面に姿を現したばかりの若い幹はタケノコとして食されるなど、鑑賞目的以外にも日本人の生活に密着した樹木です。

大きさ	タケ形2〜10m	**仕立て方**	自然樹形、生垣など
花色	—	**耐陰性**	普通
実色	—	**耐寒性**	やや強い

	1	2	3	4	5	6	7	8	9	10	11	12
観賞												
剪定												
花芽												

剪定： ■最適期　■可能期

基本の剪定（ダイミョウチク・春）

枝数を減らす

長年放任していると、ひとつの節から枝が多数出て、込み合ってしまう。つけ根から切り落として枝数を減らすとすっきりする。

枝が込み合っている部分は枝数を減らす

枝を整理する

タケならではのすっきりとした樹形を楽しむために、1節（状況によっては2〜3節でもよい）を残して枝を切り落とす。1カ月もすれば、枝が生えてきて美しい樹形になる。

1〜3節残して枝を切り落とす。まとめて切ると手間が省ける

ワンポイントアドバイス

品種による剪定の違い

タケは多くの種類があるが、剪定の方法は基本的には同じ。ただし、クロチクやカンチクはダイミョウチクよりも芽数が少なく密にならないため、枝を整理をする際にやや長め（1節ではなく2〜3節）に残すとより美しく仕上がる。

高さを調整する

高さを維持したい場合、もしくは小さくまとめたい場合は、高く伸びた主幹を切る。

節（枝わかれしているところ）のすぐ上で切って、高さを調整する

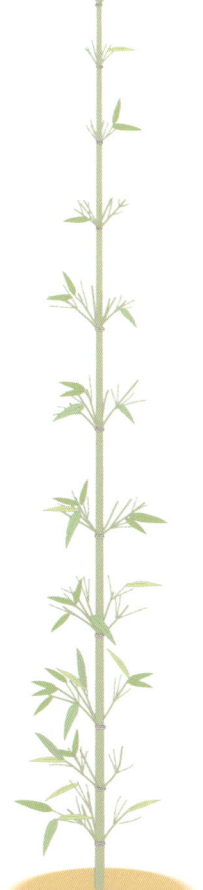

タケ

針葉樹の剪定

剪定前
枝が伸びて葉が必要以上に生い茂り、竹のもつ清涼感や幹の美しさを味わえない
※イラスト内の青線は剪定箇所の一例

剪定後
枝が整理されて、葉があまりない状態に。1カ月もすれば、葉がきれいに茂る

ポイント
- 美しい幹を楽しみたければ、数節残して枝を整理する
- 古くなった株は地際で切ると、新しいものに更新できる

チャボヒバ

【矮鶏檜葉】 ヒノキ科ヒノキ属
《別名》カマクラヒバ

枝葉が短く密生するポピュラーな庭木

ヒノキの仲間では庭木として、もっともよく植えられているもののひとつです。ほかのヒノキ属の樹木にくらべて枝葉が短く密生し、その様子を短足なニワトリのチャボに例えて名付けられました。萌芽力が強く、いろいろな仕立てを楽しむことができます。斑入りの品種などもあり、洋風和風を問わずに幅広く合います。

大きさ	円柱形3～6m	仕立て方	円柱形、段づくりなど
花色	—	耐陰性	強い
実色	—	耐寒性	強い

	1	2	3	4	5	6	7	8	9	10	11	12
観賞												
剪定												
花芽												

剪定： 最適期　可能期　不適期

基本の剪定（春）

❶不要枝を整理する

ふところの枯れ枝を中心とする不要枝（→P.12）を整理する。枯れ枝は簡単に落とせるので、ハサミで切る以外にも、手やホウキで払ってもよい。

まずはふところの枯れ枝を整理する

❷形を整える

全体のバランスを見ながら、外側の枝や樹冠を乱す枝を切り落として、形や大きさを整える。

枝先を切るなどして形や大きさを整える。節（枝わかれしているところ）のすぐ上で切るのが基本

ワンポイントアドバイス

枝葉を手で摘む

枝先やハサミで切り落とすと、どうしても切り口が目立ちがちとなる。切り口を目立たないようにしたければ、手で摘むという方法もある。

枝先を手で摘むと、切り口が目立たない

形を整える（高さ）

高さを維持したい場合、もしくは小さくまとめたい場合は、高く伸びた主幹を切る。

枝先と同様、主幹も枝わかれしているところのすぐ上で切るのが基本

仕上がりの樹冠ライン

枯れ枝

剪定前

放任すると、長めに伸びた枝が樹冠ラインからはみ出してしまう。また、ふところでは枯れ枝が目につく

※イラスト内の青色の線は剪定箇所の一例、オレンジ色の点線はここで紹介している仕上がりの樹冠ライン例

剪定後

樹冠が整えられ、きれいな円柱形になった。円錐形に仕立てるのもポピュラー

ポイント

- 萌芽力が強く、刈り込み剪定にも耐えられ、段づくりなどいろいろな仕立てを楽しむことができる
- 切り口を美しく見せるため、枝先・葉先は指で摘みとるという方法もある
- 放任しても樹形はそれほど乱れないので、剪定は枯れ枝を透かし、枝先を切る程度でもよい

チャボヒバ　針葉樹の剪定

刈り込み剪定(春)

ふところを整理する

ふところの枯れ枝が目立つようであれば、きれいに整理する。枯れ枝は、手で簡単にとり除くことができる。

ふところの枯れ枝は、手でとり除ける

太枝を切り落とす

刈り込み剪定をしやすくするため、樹冠ラインからはみ出ている太枝があれば、それを切り落とす。想定している樹冠ラインよりも数節内側で切るのがポイント。

刈り込む前に、樹冠からはみ出た太枝を整理する

刈り込みバサミで刈り込む

太枝の整理が終わったら、刈り込みバサミを使用して、形や大きさや形を整える。

刈り込みバサミを使って形を整えていく

ニッコウヒバ

【日光檜葉】 ヒノキ科ヒノキ属
《別名》オウゴンシノブヒバ

生花店に並ぶほど美しい黄金色の葉

枝先に密に集まってつく、黄金色をした葉の美しさが特徴。葉は日当たりがよいほど鮮やかに発色し、その美しさから観賞用に葉が生花店に並ぶこともあります。

放任すると円錐形に成長しますが、刈り込み剪定にも耐えられるので、生垣にも使用されます。土質をそれほど選ばず、寒暖にも強い、強健な樹木です。

大きさ	円錐形 10m	仕立て方	生垣、円錐形など
花色	—	耐陰性	弱い
実色	—	耐寒性	強い

	1	2	3	4	5	6	7	8	9	10	11	12
観賞												
剪定			■	■							■	■
花芽												

剪定: ■最適期 ■可能期

高さを決める

生長が早い樹木。高さを維持したい場合、もしくは小さくまとめたい場合は、主幹を切る。

主幹を切って、状況に応じた高さにまとめる

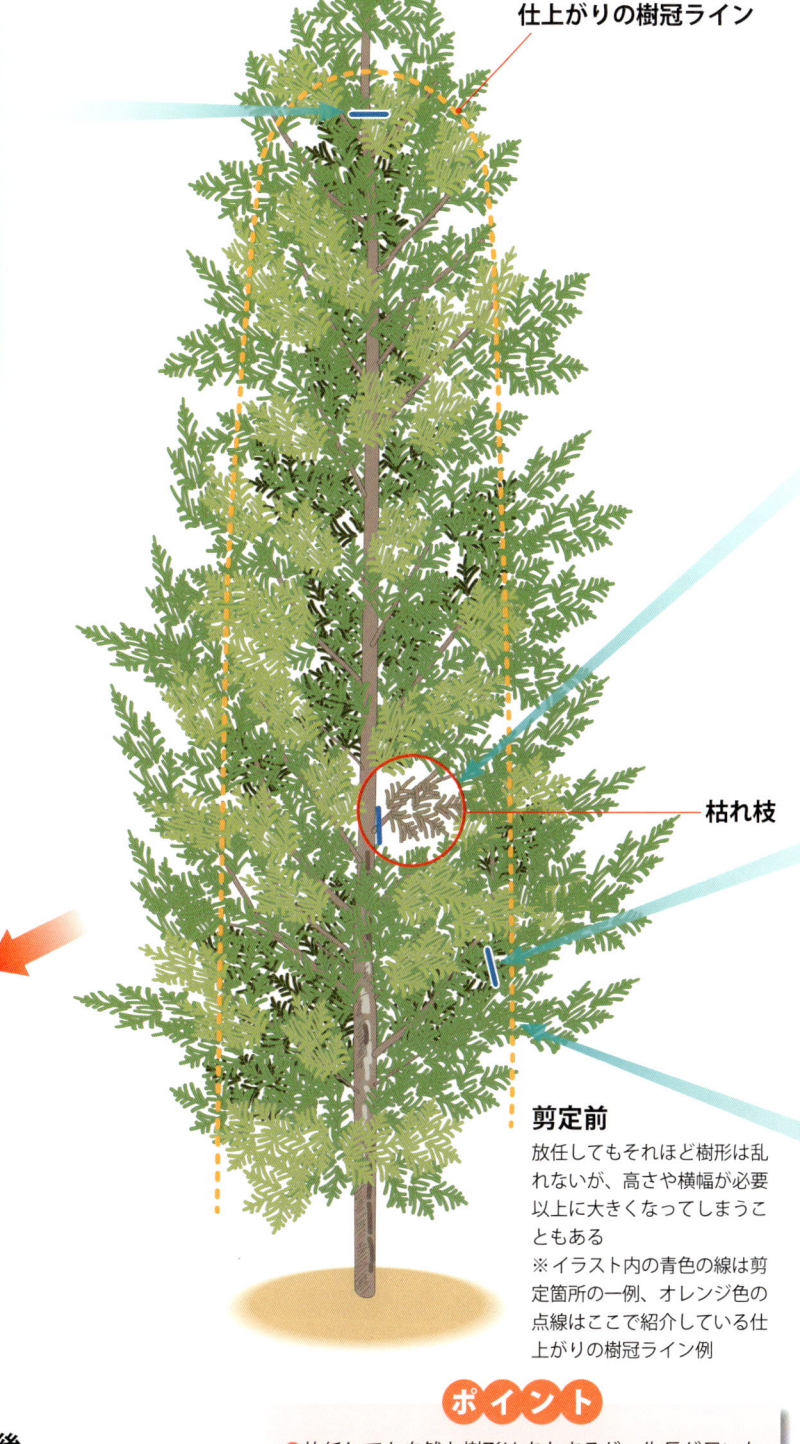

ニッコウヒバ

針葉樹の剪定

仕上がりの樹冠ライン

枯れ枝

剪定前

放任してもそれほど樹形は乱れないが、高さや横幅が必要以上に大きくなってしまうこともある

※イラスト内の青色の線は剪定箇所の一例、オレンジ色の点線はここで紹介している仕上がりの樹冠ライン例

剪定後

高さがおさえられて、横幅もコンパクトにまとまった

ポイント

- 放任しても自然と樹形はまとまるが、生長が早いため、必要以上に大きくなってしまう可能性もある
- 萌芽力が強く、刈り込み剪定にも耐えられる
- 剪定の時期は、生長がはじまる春先がベスト。その時期に行うと、すぐに刈ったあとが目立たなくなる

マツ

【松】マツ科マツ属
（別名）—

古くから尊ばれてきた日本を代表する庭木

古くから神聖な木、長寿を象徴する木などとして尊ばれてきた、日本を代表する庭木です。マツ属には100種以上（日本には5～6種）の樹木がありますが、一般的にマツといえばクロマツ、アカマツを指します。日当たりのよい、乾燥した場所を好み、美しさを保つためには、こまめでていねいな手入れが必要となります。

大きさ	乱れた広卵形6～10m	仕立て方	自然樹形、段づくりなど
花 色	—	耐陰性	弱い
実 色	—	耐寒性	強い

	1	2	3	4	5	6	7	8	9	10	11	12
観賞												
剪定	■	■	■		■	■	■				■	■
花芽												

剪定：■ 最適期　■ 可能期

基本の剪定＋葉もみ（冬）

形を整える

主枝から伸びた枝を切って形を整える。全体のバランスを見て、各枝を状況に応じた長さにまとめ、込み合っている枝はつけ根から切り落とす。

バランス的に不要であればつけ根から切る

枯れ枝をとる

放任して密集すると、内側の枝葉は枯れてしまう。枯れ枝や枯れ葉がある場合はとり除く。

枯れ葉は手でとることができる

枝数を整理する

ひとつの節からまとまって枝が出るので、1節につき2～3本に減らす（小枝を残す）。

ひとつの節から出る枝を2～3本に整理する

葉もみをする

最後の仕上げとして、枝先に5〜6対の葉だけを残すように下葉を手でむしりとる「葉もみ（→P.164）」を行う。

枝の途中についている葉をむしりとる

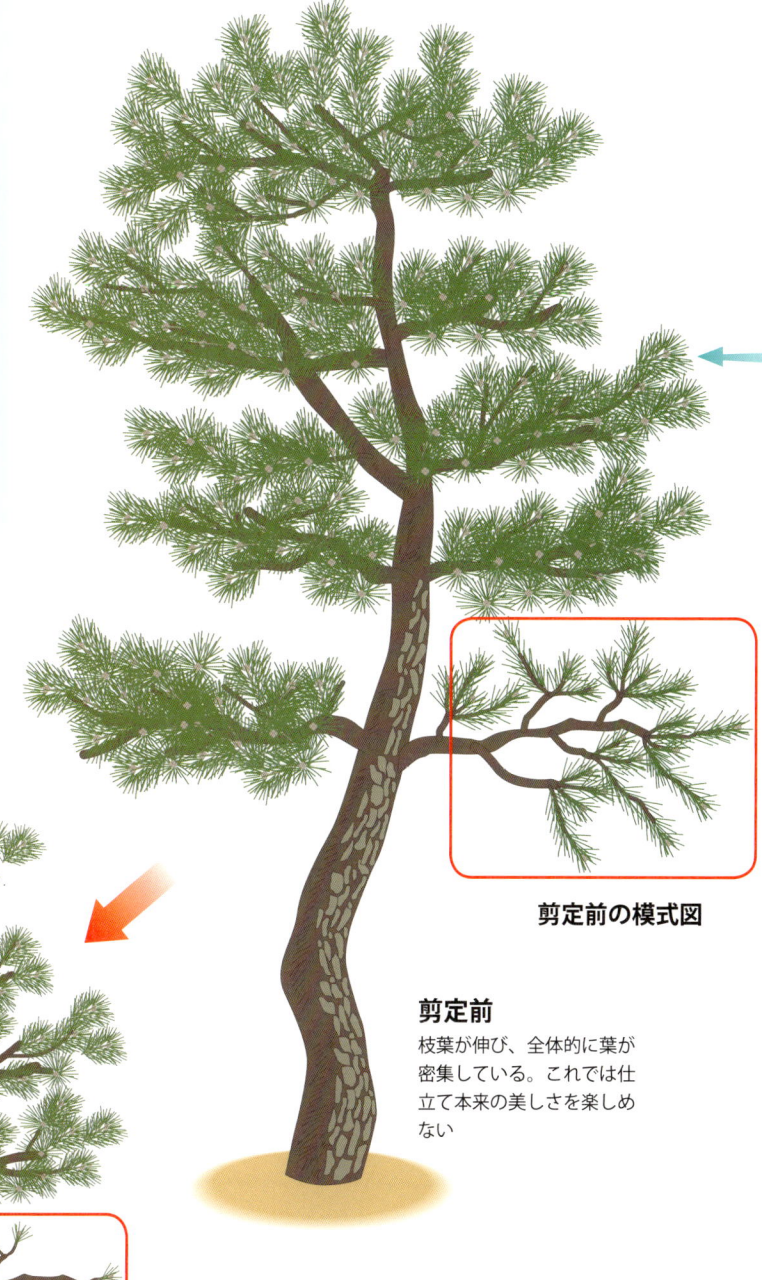

マツ

針葉樹の剪定

剪定前の模式図

剪定前
枝葉が伸び、全体的に葉が密集している。これでは仕立て本来の美しさを楽しめない

剪定後の模式図

剪定後
葉が透かされて、かなりすっきりとした。日当たりや風通しがよくなり、病虫害の心配が減る

ポイント

- あまり強い剪定をすると樹にダメージを与えてしまうことがある。樹形をつくりなおしたい場合は専門家に相談することも視野に入れる
- 11〜2月ごろには、枝先だけに葉を残し、下葉を手でむしる「葉もみ（→P.164）」を行う
- 5〜6月ごろには、葉が開く前に新芽を摘む「みどり摘み（→P.165）」を行う
- 7月ごろに新梢を整理すると、冬の「葉もみ」の手間がより少なくてすむ

マツの剪定

11〜2月には「葉もみ」
5〜6月には「みどり摘み」

和の庭を代表する庭木として古くから親しまれてきたマツ。手入れされた樹形には独特の美しさがあります。ただし、その姿を楽しむためには少し手間がかかり、庭木職人の世界でも「マツの手入れができれば一人前」という言葉もあるほどです。

マツには、枯れ枝をとり、込み合った枝を透かすといった基本の剪定に加えて、「葉もみ」や「みどり摘み」といった、長い歴史のなかで培われてきた「マツならでは」の剪定が必要になります。

長年に渡り放任すると、樹形が乱れてしまうのはもちろんのこと、枝葉が込み合って病虫害が発生しやすくなります。マツの剪定というと難しいという印象が強く、確かに樹形をつくりなおすなどの強い剪定では専門家に委ねたほうがよいこともありますが、「葉もみ」や「みどり摘み」は自分で行うことができます。細かい作業のため時間はかかりますが、ていねいに手入れして、きれいに仕立てましょう。

葉もみ（11〜2月）

葉もみとは、冬に行う、枝先の葉だけを残すように下葉を手でむしりとる作業のこと。手でむしるのは、細かい作業のため、ハサミを使っても時間の短縮にはつながりにくいから。これを行うことによって、見ためがよりすっきりし、日当たりや風通しがよくなって病虫害も発生しにくくなる。P.162のように、2〜3年放任したものの形を整える際に行うのはもちろんのこと、基本的には毎年行いたい。

葉もみ前

葉が茂り、全体的にもっさりとした印象を受ける

葉もみ後

葉は枝先に残っているだけ。大胆に透かしてよい

手順 1 まずは枝先の新梢を木バサミで切って2〜3本に整理する

手順 2 枝先の葉だけを残し（目安は5〜6対）、それより下の葉をむしり取る

みどり摘み（5〜6月）

マツは萌芽力が強く、生長も早い、枝葉が密集しやすい樹木。そこで、密集してしまうことを防ぐため、葉として開ききる前に伸びだした新芽を短く整理する。また、それ以上に伸ばしたくない枝については、その先についている芽吹く前の芽を摘みとる。これらの作業は「みどり摘み」といい、5〜6月に行う。

みどり摘み前
この時期までに芽が伸び、枝先が茂っている

みどり摘み後
枝先を切って、芽数も減らした。かなりすっきりした

手順1 伸びだした新芽を3〜4対の葉を残して切り落とす

手順2 まだ葉が出ていない新芽をとる。手で転がすようにすると簡単に摘める

手順3 芽数が多いようであれば、1カ所につき2〜3つぐらいに整理する

ワンポイントアドバイス

7月にも整理する

7月になると枝葉が伸びてくる。「葉もみ」と「みどり摘み」に加え、この時期に手入れをすると、より美しさが引き立つ。樹形を乱すほど長く伸びた枝があれば切り、葉が込み合った部分があれば古葉を手で抜いて透かす。

長く伸びた枝があれば切って形を整える

コウヤマキ

【高野槇】コウヤマキ科コウヤマキ属
《別名》ホンマキ

細長い葉が特徴的な日本固有の常緑針葉樹

和歌山県高野山に多く自生している、日本固有の常緑針葉樹。美しい樹形と細長く個性的な葉が好まれ、アロウカリア、ヒマラヤスギとともに世界三大美木のひとつとされています。品格のある庭木として親しまれているほか、古くから材木としても利用されてきました。

基本の剪定（春）

ワンポイントアドバイス
刈り込みバサミを使う

刈り込みバサミを使うと、切り口が目立つように残ってしまうが、より少ない手間で樹形を整えられる。春の生長期前であれば、すぐに芽が伸びて目立たなくなるため、刈り込みバサミを使ってもよい。

刈り込み剪定なら手間が少ない。剪定後には切り口を整える

形を整える

全体のバランスを見ながら、外側の枝や樹冠を乱す枝を切り落として、形や大きさを整える。高さを維持したい場合や小さくまとめたい場合は、主幹を節（枝わかれしているところ）のすぐ上で切る。不要枝（→P.12）の整理は、できる範囲程度でよい。

樹冠からはみ出している枝は枝わかれしているところのすぐ上で切る

※写真内の青線は剪定箇所の一例

ポイント
- 自然樹形が美しく、放任しても樹形はそれほど乱れないので、剪定は大きさをまとめる程度でもよい
- 刈り込みバサミを使うと、より少ない手間で樹形を整えることができる。刈り込み剪定は、切り口が目立つように残るが、春先の生長期前であれば、すぐに芽が伸びて目立たなくなる

大きさ	広円錐形4〜7m	
花色	—	
実色	—	
仕立て方	自然樹形、円柱形など	
耐陰性	強い	
耐寒性	やや強い	

	1	2	3	4	5	6	7	8	9	10	11	12
観賞												
剪定		■	■	■			■	■				
花芽												

剪定： ■最適期　■可能期　■不適期

コニファー類

【一】 ヒノキ科、マツ科、イチイ科など
（別名）─

葉色や樹形が豊富で好みに応じて選べる

コニファーとは針葉樹の総称で、広義にはマツやスギも含まれます。ただし一般的には、なかでも鑑賞に適し、庭木としての歴史が浅い樹木をさします。円錐形に育つ「ゴールドクレスト」や鮮やかな緑色の葉を持つ「エレガンテシマ」など、多くの樹種があるので、好みに応じて選べます。

コウヤマキ／コニファー類

針葉樹の剪定

ワンポイントアドバイス
刈り込みバサミを使う

ほかの針葉樹と同様に、形や大きさを整えるために、より手間がかからない刈り込みバサミを使用してもよい。剪定時期は春先がベスト。その時期であれば、すぐに芽が伸びて刈りあとが目立たなくなる。

刈り込みバサミを使うと、より手早く剪定できる

基本の剪定（春）

形を整える

外側の枝や樹冠を乱す枝を切って、形や大きさを整える。高さを制限したければ、状況に応じて主幹を節（枝わかれしているところ）のすぐ上で切る。全体のバランスを考えながら、作業を進めること。

枝を切って樹形を整えていく

※イラスト内の青線は剪定箇所の一例

ポイント
- 放任しても、それほど樹形は乱れない。剪定も自然樹形を意識したものにするとよい
- 強めの刈り込み剪定をすると、葉が赤褐色になってしまうことがある
- 剪定の最適期は春先。すぐに新芽が生えて、刈り面が目立たなくなるので、その頃であれば刈り込みバサミを使ってもよい

大きさ	円錐形 1〜10m
花 色	─
実 色	─

仕立て方	円柱形、円錐形など
耐陰性	やや弱い
耐寒性	強い

	1	2	3	4	5	6	7	8	9	10	11	12
観賞												
剪定		最適期	最適期	可能期			不適期	不適期			可能期	可能期
花芽												

剪定： ■最適期　■可能期　■不適期

ササ

【笹】 イネ科
（別名）—

日当たりを問わず グランドカバーにも最適

日本の気候によく合う樹木で、背の高いものや斑入りのものなど、さまざまな品種があります。日当たりがよくない場所でも育ち、グランドカバーにも使用されます。タケとの違いは、生長にともなって樹皮がはがれるものがタケであり、ずっと付いているものがササとされています。

基本の剪定（春）

仕上がりの樹冠ライン

※イラスト内のオレンジ色の点線は仕上がりの樹形ライン例

はみ出した枝を整理する

樹冠ラインから大きくはみ出している枝があれば、つけ根付近から切り落として整理する。

長めの枝はつけ根から切る

形を整える

全体のバランスを見ながら、芯（枝の中心の軸）を手で抜きながら形や大きさを整える。ハサミを使用してもよいが、切り口が目立つことになる。

芯を抜くことによって、大きさを整えられる

ワンポイントアドバイス

株を更新する

株元付近、10〜20cm残して切ると、新しい枝が生えてきて、株が更新される。

ポイント

- 高さを抑えるには、6月ごろに芯（その枝の中心）を抜くとよい
- 株元付近で刈り取ると、新しい枝が生えてきて株の更新できる。ただし、真夏に行うと、そのまま生えてこない可能性があるので要注意

大きさ	タケ形 0.5〜1m
花色	白
実色	—
仕立て方	自然樹形、生垣など
耐陰性	強い
耐寒性	強い

	1	2	3	4	5	6	7	8	9	10	11	12
観賞												
剪定		可	最	可								
花芽												

剪定： ■最適期　■可能期

トウヒ

【唐檜】 マツ科トウヒ属
（別名）―

クリスマスツリーとしておなじみの針葉樹

狭義には北海道などに分布するエゾマツの変種のことですが、一般的にはマツ科トウヒ属の常緑針葉樹全般を指します。クリスマスツリーとしてよく利用されます。モミ属の仲間に似ていますが、松ぼっくりが垂れ下がるなどの違い（モミは枝上にできる）があります。

針葉樹の剪定　ササ／トウヒ

基本の剪定（春）

高さをまとめる

高さを維持したい場合や小さくまとめたい場合は、主幹を節（枝わかれしているところ）のすぐ上で切る。それに応じて横幅も縮めて円錐形をつくりなおす。

形を整える

全体のバランスを見ながら、外側の枝や樹冠を乱す枝を切り落として、形や大きさを整える。

樹冠ラインからはみ出している太枝は、数節内側で切る

股にわかれている枝先を切る際には、股の真ん中の枝を枝わかれしているところのすぐ上で切るときれいに仕上がる

※写真内の青線は剪定箇所の一例

ポイント
- 放任しても美しい円錐形にまとまりやすいので、剪定は大きさをまとめる程度でもよい
- 伸びはじめは上向き〜水平味だった枝が、生長するにつれて下に垂れていくのが特徴。スペースに余裕があるなら、ある程度横に広げて、その枝振りを楽しみたい

大きさ	円錐形5〜10m	
花色	―	
実色	―	
仕立て方	自然樹形	
耐陰性	強い	
耐寒性	強い	

	1	2	3	4	5	6	7	8	9	10	11	12
観賞												
剪定	■	■	■			■					■	■
花芽												

剪定：■最適期　■可能期

> さまざまな伝統的な剪定方法

手間をかけて見せ方を追求する

●ヨーロッパで普及したトピアリー

　洋の東西を問わず、私たち人間は古くから樹木を庭に植え、その美しさを楽しんできました。そして、その長い歴史のなかで、樹木をより楽しむために、さまざまな剪定方法が培われてきました。

　たとえばトピアリー。トピアリーとは「植物を人工的・立体的に形づくる造形物（日本トピアリー協会）」のことであり、語源はラテン語の「TOPIA（刈り込む）」であるといわれています。動物の形に刈り込んだものを思い浮かべると、イメージしやすいかもしれません。

　トピアリーはおもにヨーロッパで普及した技術であり、その歴史は紀元前の古代ローマ時代までさかのぼるといわれています。対象となるのは、コニファー類などの針葉樹やセイヨウイチイなどの常緑樹の萌芽力の強い樹木。剪定の方法としては、基本的には形に応じて、刈り込んでいくだけでOKです。鉄などでできたフレームを使うと、より簡単に形をつくれます。

イスの形を模したトピアリー

●「2枚透かし」と「3枚透かし」

　一方、日本でも、独特の形に仕上げた剪定方法は江戸時代からあったといわれています。マツをはじめとする段づくりも、歴史あるものです。

　また、伝統的な剪定方法という意味では、モチノキの「2枚透かし」やモッコクの「3枚透かし」も古くから行われてきたものです。これらはより美しく見せるための技術で、基本的な剪定をしたあとに、枝先の葉をそれぞれ2枚、3枚だけ残すようにして手でむしります。

　いずれも少し手間がかかりますが、誰でもできる剪定方法です。皆さんも挑戦してみてはいかがでしょうか？

枝先の葉を手でむしり（写真左）、2枚だけを残すモチノキの2枚透かし

3枚だけの葉を残すモッコクの3枚透かし。かなりすっきりとし、美しさをより引き出せる

果樹の剪定

果樹の剪定

果樹とは

食べられる実がなる樹木を果樹といいます。カキなどがその代表格として古くから庭木として親しまれてきましたが、最近では美しい花も楽しめる、フェイジョアなども人気を呼んでいます。樹の性質としては、カキやキウイのように冬に葉が落ちる落葉性とビワやフェイジョアのように常緑性のものがあります。

花柄（写真はカキ→P.174）や熟す前の実をある程度間引くことが、ひとつの実を充実させることへとつながる

剪定は、落葉性（写真右）のものは落葉期、常緑性（写真左）のものは春に行うのが基本

剪定のポイント

実をとることだけを目的とした剪定方法もありますが、庭木として果樹を植える場合、スペースの制限や樹形を美しく保つという目的もあるため、本書では実つきとそれらのバランスを考慮した剪定の方法を紹介しています。

基本的な方法は、落葉性のものは「落葉樹の剪定（→P.30）」、常緑性のものは「常緑樹の剪定（→P.84）」と同じですが、実を収穫するために、剪定時にはとくに実のもととなる花芽や花を意識するようにしましょう。なお、花は必ずしも数が多いほうがよいわけではなく、ある程度間引くことが、ひとつの実を充実させることへとつながります。

剪定の時期

基本的には、カキやキウイのように落葉性のものは落葉期、キンカンやビワのように常緑性のものは春に行うとよいとされています。また、ひとつの実を充実させたい場合や、次の収穫期の実つきを維持したまま大きさを整えたい場合などは、実がなる枝がはっきりとわかる、花後に行うという考え方もあります。樹種によって剪定時期が異なることもあるので、それぞれの樹種については、本書に掲載したカレンダーをご参照ください。

剪定の時期は？

落葉性果樹は ➡ とくに樹形を整えたい場合は落葉期（12～2月ごろ）に行う

常緑性果樹は ➡ 樹木にダメージを与えにくい春（3月ごろ）に行う

実つきを気にするなら ➡ 実となる部分がわかる花後に行う

どんな枝を切る？

ステップ1 ➡ 込み合った枝や立ち枝などの不要枝（→P.12）を切る

ステップ2 ➡ 樹冠ラインに合わせて、外側の枝を切るなどして形や大きさを整える

実の収穫方法

「このように収穫しなくてはならない」というセオリーはなく、実のつけ根から切ればOK。なお、多くの果樹は、今年実がなった枝には翌年実はならないため、形を整えるためなどに、実を収穫する際に枝ごと切り落とすという方法もある。

実はつけ根から切ればよい（写真上）が、樹形を整えることも兼ねるために枝ごと切る（写真下）という方法もある

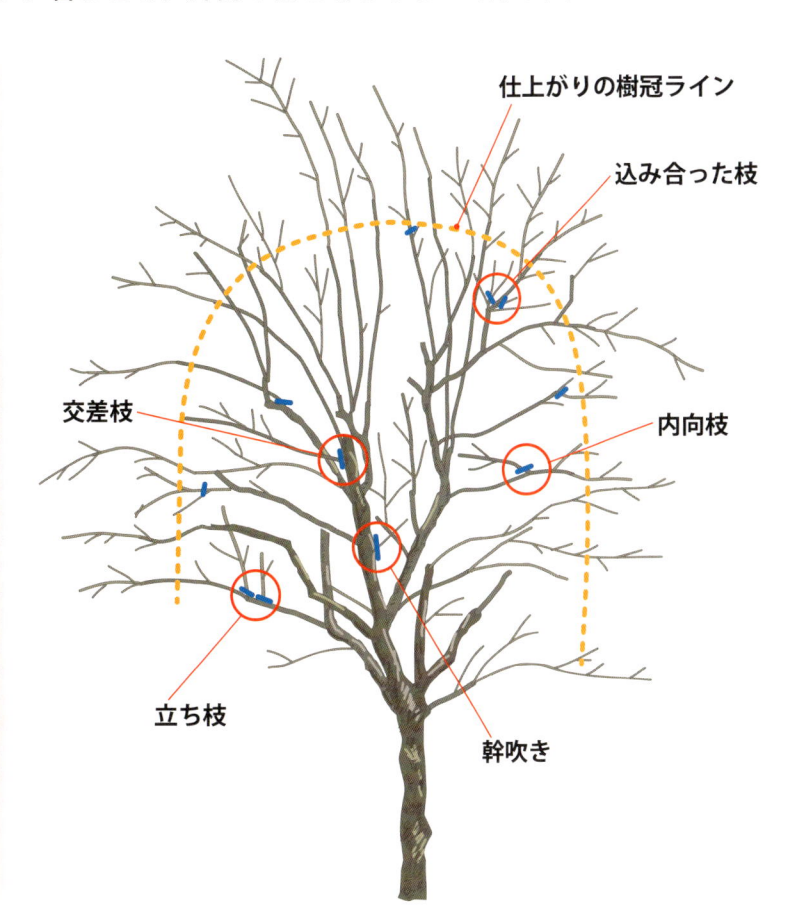

仕上がりの樹冠ライン
込み合った枝
交差枝
内向枝
立ち枝
幹吹き

果樹の剪定

実つきをよくするには？

ステップ1 ➡ とくに込み合った枝の整理に気を配る。風通しや日当たりがよくなることによって、ふところにも実がなることを期待できる

ステップ2 ➡ ひとつの実を充実させるためには、花（花柄）や熟す前の実をある程度間引く

カキ

【柿】 カキノキ科カキノキ属
（別名）—

秋に実るもっともポピュラーな果樹

家庭で楽しめる、もっともポピュラーな果樹のひとつ。品種数はとても多く、百を超えるともいわれていますが、大きくは甘柿系と渋柿系にわけられ、おもに甘柿は生で、渋柿は干し柿にして渋抜きをしてから食されます。その実は栄養価がとても高く、「柿が赤くなれば、医者が青くなる」という言葉もあります。

大きさ 半球形 5〜7m		**仕立て方** 自然樹形	
花色 白		**耐陰性** やや弱い	
実色 オレンジ		**耐寒性** 普通	

	1	2	3	4	5	6	7	8	9	10	11	12
観賞					■					■	■	
剪定	■	■	■								■	■
花芽							■	■	■			

観賞：■ 花 ■ 実　剪定：■ 最適期 ■ 可能期　花芽：■ 付期

基本の剪定（落葉期）

❶不要な枝を切り落とす

込み合った枝や立ち枝、内向枝などの不要枝（→P.12）は切り落としてすっきりさせる。

立ち枝は見栄えがよくなく、実もつきづらいので切り落とす

❷形を整える

全体のバランスを見ながら、外側の枝や樹冠を乱す枝を切り落として、形や大きさを整える。高さを維持したい場合や小さくまとめたい場合は、主幹を節（枝わかれしているところ）のすぐ上で切る。

枝わかれしているところのすぐ上で切って、形や大きさを整える

ワンポイントアドバイス

春にも剪定する

とくに落葉期に強めの剪定をした場合などは、新しい枝が生えてくるので、花後（春〜夏）に枝葉の数を整理して樹形を整えたい。また、ひとつの実をより充実させるためには、実数を減らすとよい。

主幹から新梢が生えてきたら、つけ根から切る

ワンポイントアドバイス

先端は切ってもよい

実は、夏までに伸びた新梢（枝の先端から数節下がった部分）に、翌年の秋によくなる。したがって、落葉期に剪定する場合、枝の先端付近を切っても翌年の秋の実つきには影響しない（先端付近は夏以降に伸びた部分であるため）。また、同じ枝には2年続けてはなりにくいので、前秋に実がなった枝は剪定の対象に考えてよい。

先端付近を切り落としても翌秋の実には影響しない

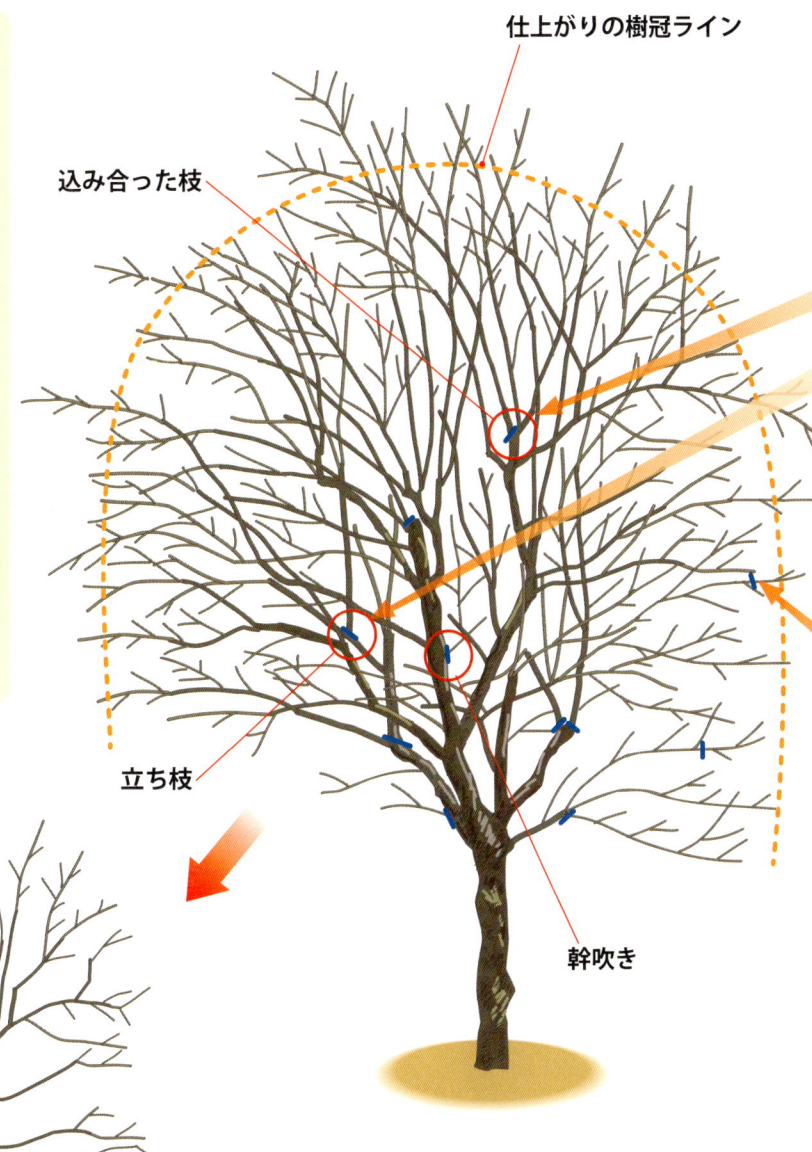

カキ

果樹の剪定

仕上がりの樹冠ライン

込み合った枝

立ち枝

幹吹き

剪定前
放任すると、枝が込み合ってしまう。これでは、日当たりや風とおしが悪くなり、よい実もできない

※イラスト内の青色の線は剪定箇所の一例、オレンジ色の点線はここで紹介している仕上がりの樹冠ライン例

剪定後
立ち枝や絡み枝などが整理されて、すっきりとした。毎年、剪定すると、それほど大きく切り詰める必要はなくなる

ポイント
- 実は、夏までに伸びた新梢に、翌年の秋によくなる。実を楽しみたければその枝の剪定はさける
- 花後に実数を減らすと、ひとつの実がより充実する
- 骨格を整える剪定は、落葉期に行うと作業がしやすい

柑橘類

【一】 ミカン科
（別名）―

冬を暖かな黄色で彩る人気の常緑樹

柑橘類とは、ウンシュウミカンやユズ、キンカン、レモンなどのミカン科の果樹の総称。基本的には常緑樹で、夏から冬にかけて実がなるものが多く、冬を彩る庭木として人気があります。

実は、爽やかな香りと甘酸っぱい味が特徴で、生食やジュースに利用されます。甘みは日当たりがよいほど強くなります。

大きさ 半球形1〜3m	**仕立て方** 自然樹形
花 色 白	**耐陰性** 普通
実 色 オレンジ・黄	**耐寒性** 弱い

	1	2	3	4	5	6	7	8	9	10	11	12
観賞	■	■	■		■	■						■
剪定	■	■	■		■	■				■	■	■
花芽									■	■		

観賞：■花 ■実　剪定：■最適期 ■可能期 ■不適期　花芽：■付期

基本の剪定（キンカン・春）

❶不要な枝を切り落とす

込み合った枝や内向枝、交差枝などの不要枝（→P.12）を切り落としてすっきりさせる。また、主幹から生えている枝の間隔が狭いようであれば、バランスがよい配置になるように太枝であっても切り落とす。

ひとつの節から多くの枝が出ている場合は、枝を切り落として1〜2本にする

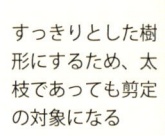

すっきりとした樹形にするため、太枝であっても剪定の対象になる

ワンポイントアドバイス

6月にも剪定をする

1年を通して美しい樹形を楽しみ、実つきをよくするために、できれば6月ごろにも剪定を行いたい。長く伸びた枝を切り落とすと、株全体が均一に生長していく。

6月ごろには長く伸びた枝先を切り、形を整える

❷形を整える

全体のバランスを見ながら、外側の枝や樹冠を乱す枝を切り落として、形や大きさを整える。高さを維持したい場合や小さくまとめたい場合は、主幹を節（枝わかれしているところ）のすぐ上で切る。

枝先を切るなどして形や大きさを整える。枝わかれしているところのすぐ上で切るのが基本

柑橘類

果樹の剪定

仕上がりの樹冠ライン

込み合った枝

内向枝

主幹付近の込み合った枝

剪定前
放任すると、枝が込み合い、枝や葉が不均一に密集するところができてしまう
※イラスト内の青色の線は剪定箇所の一例、オレンジ色の点線はここで紹介している仕上がりの樹冠ライン例

剪定後
込み合った部分が整理され、すっきりとした。日が差すようになったので、ふところにも実がつきやすくなる

ポイント
- 実のことを強く意識しなくても、枝を透くなどの通常の樹木の剪定をするだけで、ある程度の実はなる
- カイガラムシやアブラムシがつきやすい。枝を透いて、風通しをよくすることがそれを防ぐことにつながる
- 花芽は太く充実した短枝につくことが多いので、細く長い枝などは剪定の対象になる

基本の剪定（落葉期）

❶ 不要な枝を切り落とす

込み合った枝や内向枝、交差枝などの不要枝（→P.12）は切り落としてすっきりさせる。つる性植物のため、枝が絡みやすいので、とくに絡んだ部分は整理するように心がける。

枝が絡みやすい樹木。絡んだ枝は整理する

❷ 形を整える

全体のバランスを見ながら、外側の枝や樹冠を乱す枝を切り落として、形や大きさを整える。

枝先を切るなどして形や大きさを整える。節（枝わかれしているところ）のすぐ上で切るのが基本

ワンポイントアドバイス

太めの短枝は残す

キウイの実は、花芽が太めの短枝にできやすい。剪定の際にはできるだけ残すのがポイント。

太めの短枝についた花芽。できるだけ残して剪定する

花芽

キウイ

【一】マタタビ科マタタビ属
《別名》オニマタタビ、シナサルナシ

白い花も楽しめるつる性の果樹

原産地は中国で、それがニュージーランドに渡り、品種改良されたものです。表面を細かい毛で覆われた果実の外観がニュージーランドの国鳥「キウイ」に似ていることから、その名が付けられました。日本で栽培されるようになったのは1960年代後半から。雌雄異株で、5月ごろには可憐な白い花も楽しめます。

大きさ	つる性（つる長）10m～	仕立て方	棚仕立て
花　色	白	耐陰性	弱い
実　色	茶	耐寒性	普通

	1	2	3	4	5	6	7	8	9	10	11	12
観賞					■					■	■	
剪定	■	■	■				■	■				■
花芽							■	■	■			

観賞：■花 ■実　剪定：■最適期 ■可能期　花芽：■付期

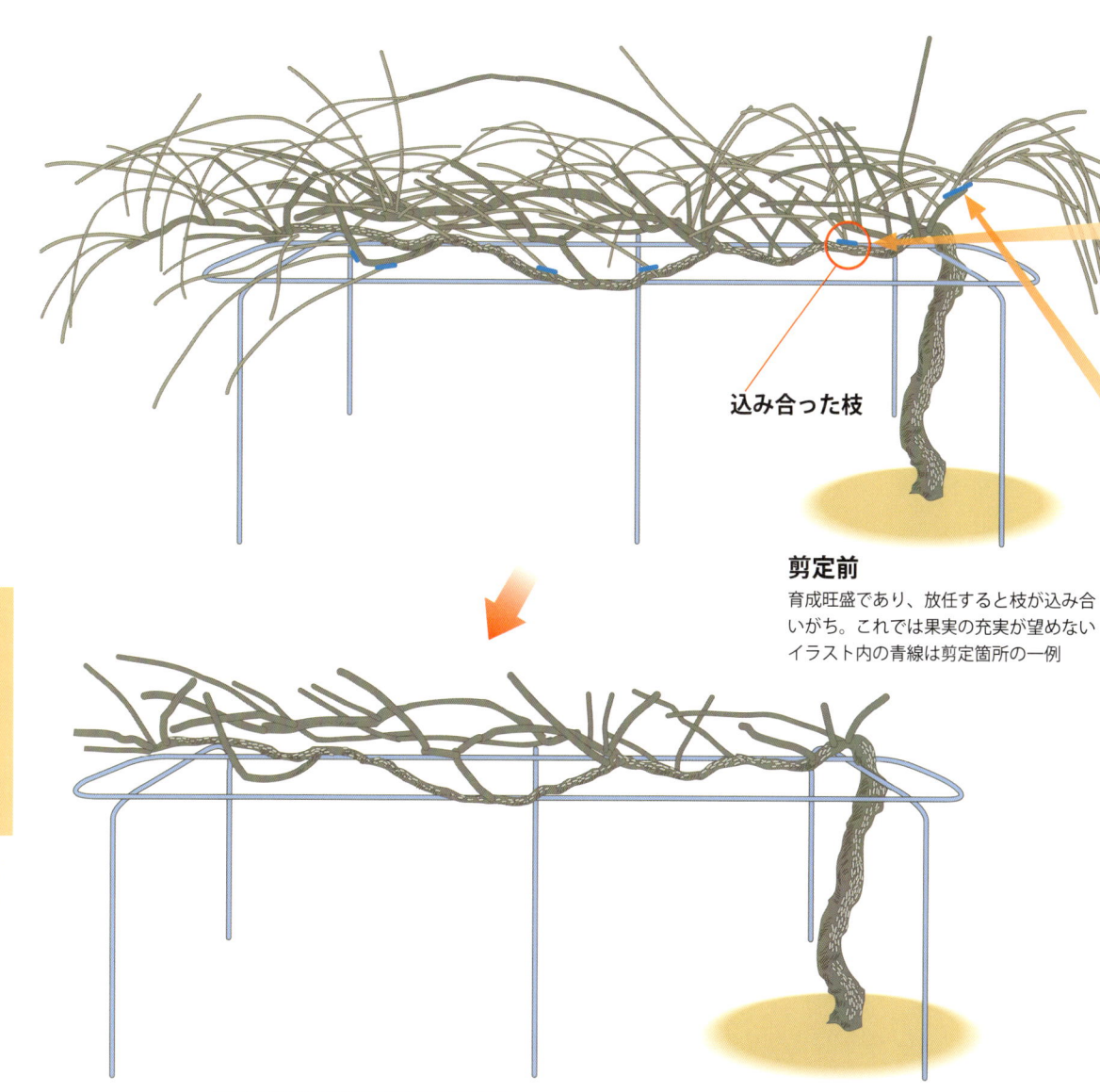

キウイ

果樹の剪定

込み合った枝

剪定前
育成旺盛であり、放任すると枝が込み合いがち。これでは果実の充実が望めない
イラスト内の青線は剪定箇所の一例

剪定後
主枝とそこから伸びる太枝だけに仕上げた。大胆に整理することが、果実の充実につながる。

ワンポイントアドバイス

初夏にも剪定する

生育旺盛なので、できれば枝が伸びた初夏にも剪定をしたい。花が咲かない枝は、どんどん伸びるので、それらを節（枝わかれしているところ）のすぐ上で切る。また、花数を減らすと、ひとつの実がより充実する。

花が咲かない枝はどんどん伸びるので整理する

ポイント

- 生育旺盛なので、日当たりや風通しのことを考え、つるが重ならないように誘引・剪定する
- 花芽は太めの短枝にできやすいので、剪定時にはそこを残すようにする
- 落葉期の剪定に加え、6月ごろには新梢の整理をしたい

基本の剪定（落葉期）

❶不要な枝を切り落とす

込み合った枝や内向枝、交差枝などの不要枝（→P.12）を切り落としてすっきりさせる。また、主幹から生えている枝の間隔が狭いようであれば、バランスがよい配置になるように太枝であっても切り落とす。

内向枝は枝を密にして枯れ枝をつくったり、樹形を乱すので、基本的に剪定の対象になる

太い枝を切るためにノコギリを使用する場合は、幹が裂けるのを防ぐため、まずは下から切り口を入れて、次に上から切り落とす

ザクロ

【石榴、柘榴】　ザクロ科ザクロ属
《別名》セキリュウ

平安時代に渡来した伝統的な果樹

西アジア原産で、日本には平安時代頃に中国から渡来したといわれています。

おもに実を楽しむ実ザクロと花を鑑賞する花ザクロがあり、生食やジュースに使用される実ザクロの果実は、女性ホルモンに関係するエストロゲンという成分を含んでいます。また、樹皮は駆虫剤として用いられることもあります。

大きさ	広卵形4～6m		**仕立て方**	自然樹形
花色	赤、黄、白		**耐陰性**	普通
実色	赤		**耐寒性**	普通

	1	2	3	4	5	6	7	8	9	10	11	12
観賞							■	■	■	■	■	
剪定		■	■	■								
花芽					■	■	■	■	■			

観賞：■花 ■実　剪定：■最適期 ■可能期　花芽：■付期

ザクロ

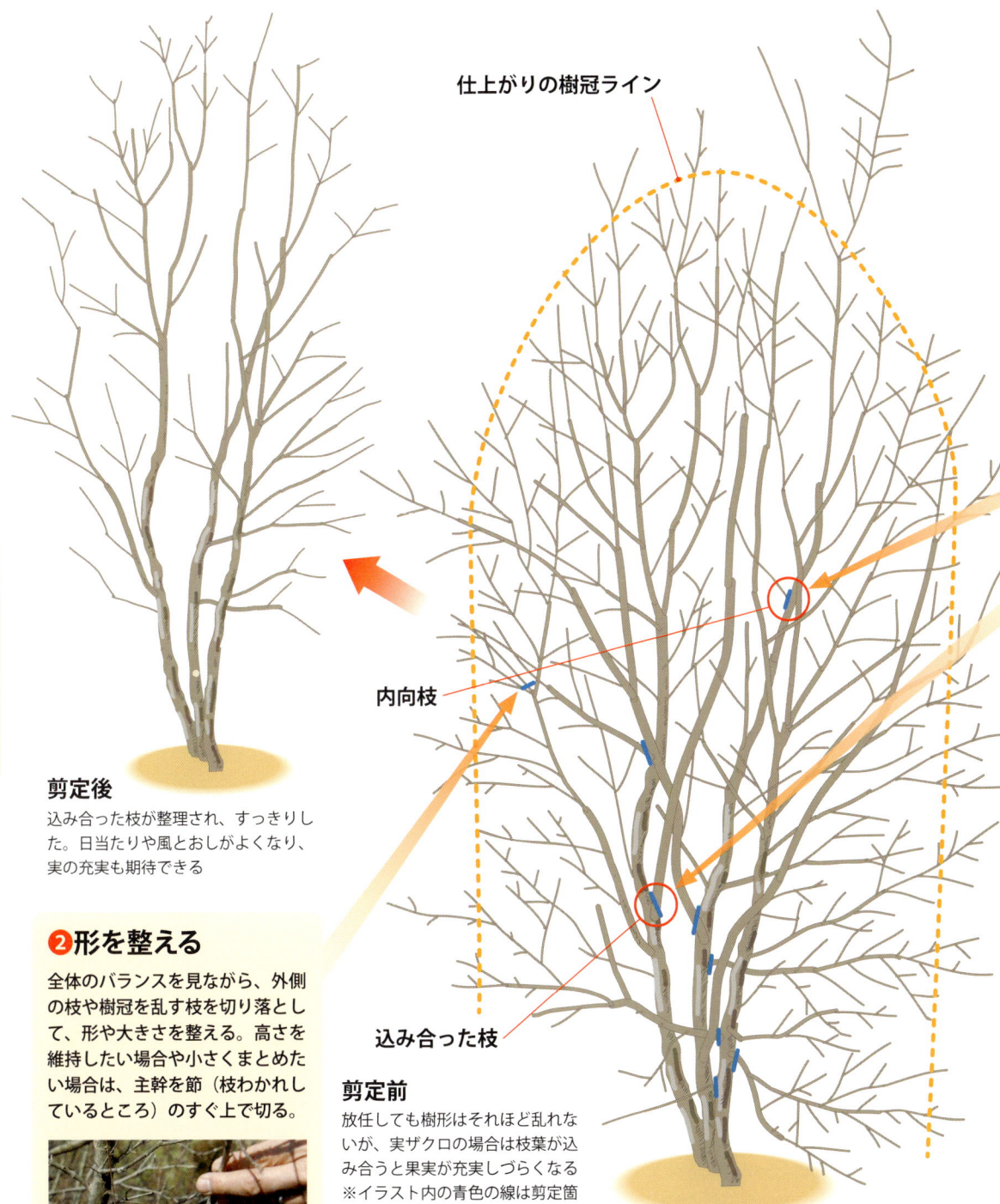

果樹の剪定

仕上がりの樹冠ライン

内向枝

込み合った枝

剪定前
放任しても樹形はそれほど乱れないが、実ザクロの場合は枝葉が込み合うと果実が充実しづらくなる
※イラスト内の青色の線は剪定箇所の一例、オレンジ色の点線はここで紹介している仕上がりの樹冠ライン例

剪定後
込み合った枝が整理され、すっきりした。日当たりや風とおしがよくなり、実の充実も期待できる

❷形を整える

全体のバランスを見ながら、外側の枝や樹冠を乱す枝を切り落として、形や大きさを整える。高さを維持したい場合や小さくまとめたい場合は、主幹を節（枝わかれしているところ）のすぐ上で切る。

枝先を切るなどして形や大きさを整える

ポイント

- 花ザクロも実ザクロも、基本的な剪定の考え方は同じ。樹形は放任してもそれほど乱れない。ただし実ザクロは、放任すると実がつきすぎて、小さな実しかならなくなる
- 花芽は充実した新梢につきやすいので、細い枝は剪定の対象になる

ブルーベリー

【一】 ツツジ科スノキ属
《別名》ヌマスノキ、アメリカスノキ

病害虫がつきにくく紅葉も楽しめる

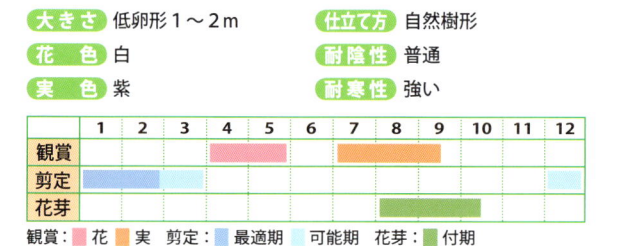

果実の栄養価が高く、ほかの果樹とくらべて病虫害の心配が少ないなどの理由から、人気が高くなっている果樹です。雌雄同株の両性花で、4〜5月ごろに釣鐘状の白い花を咲かせます。6〜8月ごろになる黒紫色の果実は、生食のほか、ジャムや果実酒などにも利用されます。また、秋には紅葉も楽しむことができます。

大きさ	低卵形1〜2m	仕立て方	自然樹形
花色	白	耐陰性	普通
実色	紫	耐寒性	強い

	1	2	3	4	5	6	7	8	9	10	11	12
観賞				花	花		実	実	実			
剪定	最適期	最適期								可能期	可能期	可能期
花芽							付期	付期	付期			

観賞：■花 ■実　剪定：■最適期 ■可能期　花芽：■付期

基本の剪定（冬）

❶不要な枝を切り落とす

込み合った枝や内向枝、交差枝などの不要枝（→P.12）は切り落としてすっきりさせる。

ひとつの節から数本の枝が出ているところは1〜2本に整理する。太めの枝はノコギリを使う

ワンポイントアドバイス❶

立ち数を減らす

立ち数が増えすぎると、枝葉が込み合い、実つきが悪くなる。多いようであれば、古い株を優先的に根元から切る。

立ち数が多いようであれば、根元から切って、若い株に更新する

ワンポイントアドバイス❷

枝の残し方を工夫する

枝数を整理したり、不要枝を切る場合はつけ根から切るのが基本。これは、少し長めに残して切ると、そこから新しい枝が生えてくるため。空いたスペースを埋めたい場合には、この性質を利用して、あえて少し残して切るというテクニックもある。

主幹の込み合った枝は根元から切るのがセオリーだが、少し長めに残して切った。新しい株が生えてきやすくなる

少し残して切ったあと

❷形を整える

全体のバランスを見ながら、外側の枝や樹冠を乱す枝を切り落として、形や大きさを整える。

枝先を切るなどして形や大きさを整える。節（枝わかれしているところ）のすぐ上で切るのが基本

仕上がりの樹冠ライン

込み合った枝

剪定前
株数が多く、枝が込み合っている。大きさも必要以上に大きくなってしまっている
※イラスト内の青色の線は剪定箇所の一例、オレンジ色の点線はここで紹介している仕上がりの樹冠ライン例

剪定後
不要な枝を整理し、株数を減らした。ふところの風通しや日当たりがよくなり、実つきがよくなることが期待できる

ポイント
- 株が古くなると実つきが悪くなる。株を更新したい場合は、基本的に根元から切りとる
- 実つきをよくするためには、立ち数を整理してふところの風通しや日当たりをよくする

ブルーベリー　果樹の剪定

ジューンベリー

【一】バラ科ザイフリボク属（アメランキエル属）
《別名》アメリカザイフリボク

白い花、赤い実 秋には紅葉も楽しめる

北アメリカ原産。6月ごろに赤紫色をしたサクランボのような実がなり、その実は生食のほか、ジュースやジャムなどにも利用されます。春には白い小花が多数咲き、秋には紅葉も楽しめるなど、四季折々の表情を見せることから、観賞樹としての人気も高い樹木です。

基本の剪定（落葉期）

❶ 不要な枝を切り落とす

込み合った枝や内向枝、交差枝などの不要枝（→P.12）は切り落としてすっきりさせる。

主幹から生えている小枝はつけ根から切り落とす

❷ 形を整える

全体のバランスを見ながら、外側の枝や樹冠に影響する枝を切り落として、形や大きさを整える。高さを維持したい場合や小さくまとめたい場合は、主幹を節上で切る。

枝先を切るなどして形や大きさを整える。節上で切るのが基本

仕上がりの樹冠ライン
込み合った枝
内向枝

※イラスト内の青色の線は剪定箇所の一例、オレンジ色の点線は仕上がりの樹冠ライン例

ポイント
● ひこばえが生えやすい。3～4株をめどに、不要な株は地際から切る

根元付近を整理する

根元付近の枝は、基本的に不要。枝が生えている場合はすっきりとさせる。ひこばえが生えやすいので、不要なものは地際から切る。

大きさ	株立ち3～5m	
花色	白	
実色	赤～紫	
仕立て方	自然樹形	
耐陰性	普通	
耐寒性	強い	

	1	2	3	4	5	6	7	8	9	10	11	12
観賞				花		実						
剪定	最適期	最適期	可能期					可能期	可能期			
花芽								付期	付期			

観賞：■花 ■実　剪定：■最適期 ■可能期　花芽：■付期

ビワ

【枇杷】 バラ科ビワ属
（別名）―

甘い芳香を放つ白い花 丈夫で育てやすい樹木

中国原産で、日本には江戸時代末期に導入されたと考えられています。実はビタミンやミネラルを豊富に含み、健康によい食べ物として親しまれています。甘い芳香を放つ白い花は11月ごろから咲き、半年以上をかけて少しずつ実を太らせていきます。病害虫に強く、育てやすい樹木です。

基本の剪定（春）

仕上がりの樹冠ライン

込み合った枝

※イラスト内の青色の線は剪定箇所の一例、オレンジ色の点線は仕上がりの樹冠ライン例

❶ 不要な枝を切り落とす

樹自体は耐陰性が強く、枝葉は枯れにくいが、込み合っている部分を透かして、風通しや日当たりをよくすると実つきがよくなる。

込み合った枝を透かすと、実つきがよくなる

❷ 形を整える

よく生長する樹木。スペースに限りがある場合は、当然、大きさをまとめる必要がある。全体のバランスを見ながら、外側の枝や樹冠を乱す枝を切り落として、形や大きさを整える。

枝を切り落として、スペースに合った大きさにまとめる

ポイント

- よく生長する樹木で、放任すると大木になる可能性もある
- 込み合った枝は透かして、日当たりや風通しをよくすると、実つきがよくなる

大きさ	半球形 2〜3m	仕立て方	自然樹形
花 色	白	耐陰性	強い
実 色	オレンジ	耐寒性	やや弱い

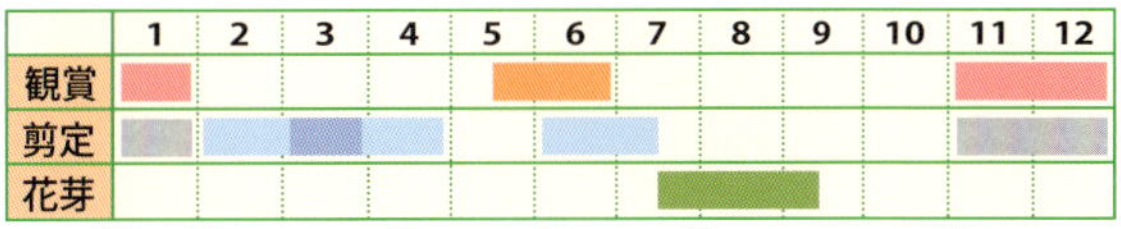

	1	2	3	4	5	6	7	8	9	10	11	12
観賞	■				■	■					■	■
剪定	■	■	■		■	■				■	■	
花芽							■	■	■			

観賞：■花 ■実　剪定：■最適期 ■可能期 ■不適期　花芽：■付期

ジューンベリー／ビワ　果樹の剪定

フェイジョア

【—】 フトモモ科フェイジョア属
《別名》アナナスガヤバ、パイナップル・グァバ

内側は赤色、外側は白色 独特な形をした珍しい花

果実は生食以外にもジャムなどに利用されます。珍しい形をした花は、花弁は内側が赤褐色、外側が白色をしています。いろいろな品種がありますが、1品種だけでは結実しないものもあるため、実を楽しむためには、ほかの品種とともに植えるなどの工夫が必要になることもあります。

基本の剪定（春）

❶ 不要な枝を切り落とす

込み合った枝や幹吹き、交差枝などの不要枝（→P.12）は切り落としてすっきりさせる。

主幹から生えている枝が込み合っている場合は、つけ根から切って整理する

❷ 形を整える

全体のバランスを見ながら、外側の枝や樹冠を乱す枝を切って、形や大きさを整える。ただし、花芽は枝の先端につくことが多いので、切りすぎないように要注意。高さを維持したい場合や小さくまとめたい場合は、主幹を節（枝わかれしているところ）のすぐ上で切る。

枝先を切り落とすなどして大きさを整える

込み合った枝
仕上がりの樹冠ライン
幹吹きや主幹付近の込み合った枝

※イラスト内の青色の線は剪定箇所の一例、オレンジ色の点線はここで紹介している仕上がりの樹冠ライン例

ポイント

- 萌芽力が強く、どこで切っても芽は出てきやすい
- 放任してもある程度の実はなるが、透かして日当たりや風通しをよくすると、より充実させることができる
- 花芽は枝の先端につきやすいので、先端をすべて切り落とすのは好ましくない

大きさ	倒卵形2〜5m	仕立て方	自然樹形
花色	白	耐陰性	普通
実色	緑	耐寒性	普通

	1	2	3	4	5	6	7	8	9	10	11	12
観賞						花				実	実	実
剪定		可能期	最適期	可能期								
花芽								付期	付期	付期		

観賞：■花 ■実　剪定：■最適期 ■可能期　花芽：■付期

ブドウ

【葡萄】 ブドウ科ブドウ属
《別名》ヤアモ、ヤンモ、ヤンメ

生果店にならぶ品種も栽培可能

つる性低木で、一般的には棚仕立てにされます。5～6月には穂状の花をつけますが、楽しみはやはり果実。品種は豊富で、マスカットやデラウェア、巨峰など、生果店に並ぶものも栽培可能です。より多くの実を充実させるためには、落葉期の剪定が必要になります。

基本の剪定（落葉期）

枝を整理する

ブドウの剪定は大胆に行う。主幹と主枝、そして主枝から伸びた太枝を2～3節残して切り落とす。棚仕立ての場合、棚には枝が残らないこととなる。

主枝から伸びた太枝を2～3節残して大胆に切る

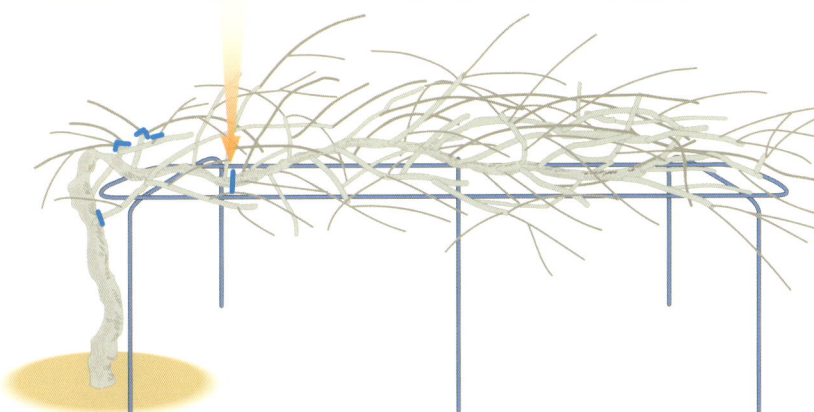

ワンポイントアドバイス

主枝を更新する

毎年主枝を2～3節残す剪定を繰り返すと枝数が増えてくる。枝の数を一定に保つため、2～3年に一度は主枝をつけ根から切り落として、枝数を整理する

主枝の数が多いようであれば、つけ根から切って数を制限する

※イラスト内の青線は剪定箇所の一例

フェイジョア／ブドウ　果樹の剪定

ポイント

- 剪定は大胆に行う。主幹と主枝、そして主幹から伸びた太枝（よく日が当たり充実したもの）を2～3節残して、古枝はすべて切り落とす
- 実を充実させるため、夏には伸びた枝（つる）の先を切り詰めたい
- 実つきが悪くなったら、主枝をつけ根から切って更新する

大きさ	つる性3～10m	仕立て方	棚仕立て
花色	白、紫など	耐陰性	普通
実色	黄緑、紫など	耐寒性	普通

	1	2	3	4	5	6	7	8	9	10	11	12
観賞					■				■	■		
剪定	■	■	■								■	■
花芽							■	■	■			

観賞：花　実　剪定：可能期　花芽：付期

剪定用語集

【あ行】

麻ヒモ（あさひも）　麻を素材としたヒモ。幹や枝を誘引したり、剪定時にジャマな枝を一時的に縛るなどに使用する

生垣（いけがき）　樹木を使って垣根としたもの。葉や枝が細かく茂るものがよく使われる→P.7

一日花（いちにちばな）　開花した花の寿命が一日しかない花

一本立ち（いっぽんだち）　樹木の形を表す言葉。単幹ともいい、太い一本の主幹から脇枝がついているタイプ→P.9

内芽（うちめ）　主幹側についた芽。生長すると内側へと枝が伸びていく→P.15

腋芽（えきが）　葉のつけ根にできる芽。側芽もしくは脇芽ともいう

枝下高（えだしただか）　樹木の部位を表す言葉。いちばん下の主要枝から根元までの長さ→P.9

園芸品種（えんげいひんしゅ）　花や葉の色形のバリエーションや強健な性質など、目的に応じて品種改良された植物

【か行】

隔年開花（かくねんかいか）　花木の開花に関する性質を表す言葉で、花が多く咲いた年の翌年につきが悪くなるというサイクルを1年毎に繰り返すこと。シャクナゲやコブシなどによく見られる

隔年結果（かくねんけっか）　実がなる樹木の性質を表す言葉で、実が多くなった年の翌年には実つきが悪くなるというサイクルを1年毎に繰り返すこと。カキや柑橘類などによく見られる

株立ち（かぶだち）　樹木本来もしくは剪定後の仕上がりの形を表す言葉。地際から多くの幹が生えて、全体で小さな森のように見えるタイプ→P.7、9

株元（かぶもと）　株立ちになった樹木の根元、地面付近

刈り込み剪定（かりこみせんてい）　刈り込みバサミを使い、一度に多くの枝や茎、葉を切る剪定方法。生垣の形を整えるときなどに行われる

刈り込みバサミ（かりこみばさみ）　枝を切るための道具のひとつで、

生垣などの刈り込み剪定に使用されるタイプ→P.19

枯れ枝（かれえだ）　剪定の対象となる不要枝。文字通り、枯れてしまったもの。日あたりが悪いとできやすくなる→P.12

木バサミ（きばさみ）　枝を切るための剪定バサミで、植木バサミともいう。剪定バサミでは切りにくい細い枝を切るときに使う→P.16

鋸歯（きょし）　葉の縁にある、ノコギリの歯のようなギザギザの切り込み

切り詰め（きりつめ）　切り戻しともいう。剪定方法のひとつとして使われる言葉。形や大きさを整えるために枝を切ることを指すが、明確な定義はない。節（枝わかれしているところ）のすぐ上で切ることが基本となる

グランドカバー（ぐらんどかばー）　地面を低く覆う植物。下草ともいう

車枝（くるまえだ）　剪定の対象となる不要枝。同じ節から、車輪状に何本も出ている枝→P.13

交差枝（こうさし）　剪定の対象となる不要枝。文字通り、交差した枝。絡み枝ともいう→P.12

互生（ごせい）　葉や枝になる芽のつき方を表す言葉。ひとつの節から

ひとつの葉や枝が互い違いに生えるタイプ→P.15

高木（こうぼく）　背丈が高くなる樹木。成木では、3メートル以上のものを指すことが多い

広葉樹（こうようじゅ）　平らな葉（葉脈に主脈と側脈のある葉）をもった樹木→P.8

【さ行】

下がり枝（さがりえだ）　剪定の対象となる不要枝。下へと伸びる枝→P.13

挿し木（さしき）　植物の枝を切りとり、用土などに挿して発根させて苗木をつくる増殖方法

自然樹形（しぜんじゅけい）　剪定後の仕上がりの樹の形を表す言葉。その樹木の本来の樹形をいかしたタイプ→P.7

枝垂れ（しだれ）　樹木の形を表す言葉。外へと広がる枝が垂れ下がるタイプ→P.9

雌雄異花（しゆういか）　花が、雄しべだけがある雄花と雌しべだけがある雌花にわかれている植物。ごとわかれている雌雄異株のほかに、カシの仲間など同じ株のなかでも雄花と雌花がわかれている樹木もある

雌雄異株（しゆういしゅ）　雄花だけ

188

主幹（しゅかん）　樹木の部位を表す言葉。その樹木の中心となる幹が咲く雄木と雌花だけが咲く雌木とにわかれている植物。ソヨゴや果樹のキウイなどが該当する →P.9

樹冠（じゅかん）　樹木の部位を表す言葉。剪定ではよく使われる。枝葉が張っている部分 →P.9

樹高（じゅこう）　樹木の部位を表す言葉。株の根元から樹冠の先端までの高さ →P.9

主枝（しゅし）　樹木の部位を表す言葉。主幹から生えている、その樹木の骨組となるような主要な枝 →P.9

シュロ縄（しゅろなわ）　シュロという樹木の幹を覆う繊維を原料とした縄。幹や枝を誘引したり、剪定時にジャマな枝を一時的に縛るためなどに使用する

常緑樹（じょうりょくじゅ）　秋になっても落葉せず、おもに春の伸張期に葉が落ちて入れ替わる樹木のこと。交替に新葉をつけるので、常に葉がついている →P.8

新梢（しんしょう）　その年に伸びた枝。1年枝、当年枝ともいう

針葉樹（しんようじゅ）　針金状の細い葉（葉脈が主脈のみの葉）をもった樹木 →P.8

スタンダード（すたんだーど）　剪定後の仕上がりの樹の形を表す言葉。主幹の下枝と下葉を切り落として、上部だけに丸く刈り込まれた枝葉を残すタイプ

節間（せっかん）　節と節の間。ふしまとも読む

剪定バサミ（せんていばさみ）　枝を切るための道具。剪定でもっともよく使われるハサミ →P.16

前年枝（ぜんねんし）　前の年に伸びた枝。2年枝ともいう

先祖返り（せんぞがえり）　園芸品種などにおいて、改良前の枝葉が出てしまうこと。針葉樹を強めに剪定したときなどによく見られる

側芽（そくが）　葉のつけ根にできる芽。腋芽もしくは脇芽ともいう

側枝（そくし）　樹木の部位を表す言葉。主枝から伸びる枝 →P.9

外芽（そとめ）　生長すると外側へと枝が伸びていく芽 →P.15

【た行】

耐寒性（たいかんせい）　植物の性質を表す言葉。耐寒性が強い（高い）ほど、低い気温のなかでも生育できることになる

台木（だいき）　接ぎ木において、接ぎ木される、もとになるほうの木

耐暑性（たいしょせい）　植物の性質を表す言葉。耐暑性が強い（高い）ほど、高い気温のなかでも生育できることになる

対生（たいせい）　葉や枝になる芽のつき方を表す言葉。ひとつの節から対になって生えるタイプ →P.15

立ち枝（たちえだ）　剪定の対象となる不要枝。幹や枝から真上に向かって伸びる枝 →P.12

棚仕立て（たなしたて）　剪定後の仕上がりの樹の形を表す言葉。つくった棚に枝やつるを誘引するタイプ

玉散らし（たまちらし）　剪定後の仕上がりの樹の形を表す言葉。主幹から伸びた枝ごとに、枝葉を玉状に丸く刈り込むタイプ

玉づくり（たまづくり）　剪定後の仕上がりの樹の形を表す言葉。おもに刈り込みバサミを使い、半球状に仕上げるタイプ

短枝（たんし）　節と節の間隔が短く、花芽をよくつける枝

段づくり（だんづくり）　剪定後の仕上がりの樹の形を表す言葉。主幹から伸びた枝ごとに、枝葉を段状に刈り込む →P.7

強い（つよい）　剪定においては、強い枝とは、ほかの枝よりも長くて太い枝、強い剪定（強剪定）とは、切り落とす部分を長くしてつけ根に近い部分で切ることをいう

長枝（ちょうし）　節と節の間隔が広く、長く伸びた枝

頂芽（ちょうが）　枝の先端についた芽

頂芽優勢（ちょうがゆうせい）　枝の先端に近い位置の芽ほどよく生長しやすいという植物の性質を表す言葉

接ぎ木（つぎき）　植物の一部を切って、別の植物とつなぎ合わせる技術。園芸品種や果樹を健康に生育させるためなどに行われる

接ぎ穂（つぎほ）　接ぎ木において、接ぐほうの木。穂木ともいう

つる性（つるせい）　樹の形を表す言葉。主幹と枝がつる状に伸びるタイプ →P.9

低木（ていぼく）　背丈の低い樹木。成木になっても3メートル以下のものを指すことが多い

摘花（てきか）　花を摘む作業で花柄摘みともいう。花が咲いた後、そのままにしておくと樹勢が弱まることにつながるので、それを防ぐために行う

摘果（てきか）　実を摘む作業。より健全な実を充実させるために、まだ実が小さい頃に摘むことを指すことが多い

189

摘蕾（てきらい）つぼみを摘む作業。樹勢を維持するために、あえて花数を減らすためなどに行われること。花が咲いた後、そのままにしておくと樹勢が弱まることにつながるので、それを防ぐために行う

照葉（てりは）表面に光沢のある葉。ツバキなどがその代表例としてよく知られている

徒長枝（とちょうし）剪定の対象となる不要枝。ほかの枝にくらべて明らかに勢いがよく、太く長く伸びる枝→P.13

トピアリー（とぴありー）剪定後の仕上がりの、幾何学的な模様や動物の姿などのさまざまな形に刈り込んだタイプ、樹冠全体を表す言葉。

【な行】

内向枝（ないこうし）剪定の対象となる不要枝。内側に向かって伸びている枝→P.12

ノコギリ（のこぎり）枝を切るための道具のひとつ。剪定バサミでは切れないような太い枝に使用する→P.16

【は行】

花柄（はながら）花の器官のひとつで、その頂部に花弁がつく。多くの場合、花が咲き終わったあとにも残っている

花柄摘み（はながらづみ）咲き終わった花を、そのつけ根から摘むこと

花芽（はなめ・はな）生育してやがては花となる芽

花後（はなご）かごとも読む。花が咲き終わって、すぐの時期

花芽分化（はなめぶんか）花芽が作られることをいい、花芽分化期はその時期のことをいう

葉張り（はばり）樹木の葉のある部分、横方向の大きさを表す言葉

葉芽（はめ）ようがとも読む。生育して葉や枝になる芽

葉やけ（はやけ）強い直射日光によって、葉が部分的に枯れること

半常緑性（はんじょうりょくせい）基本的には常緑樹だが、地域によっては落葉する場合のあるもの

半耐寒性（はんたいかんせい）耐寒性が高い（強い）樹木ほど低い気温に耐性はないが、防寒をすれば越冬できる性質

半日陰（はんひかげ）1日のうち、3〜4時間程度しか日光が指さない状態。もしくは1日を通して木漏れ日程度の日光しか指さない状態

斑入り葉（ふいりは）本来の葉色とは違う色の筋や模様が入った葉。園芸品種によく見られる

節（ふし）せつとも読む。枝のなかの芽（生育後は葉や枝、花となる）がつく部分

平行枝（へいこうし）剪定の対象となる不要枝。近い位置で、平行して出ている枝→P.13

ひこばえ　剪定の対象となる不要枝。根元から生える若い枝。やごともいう→P.13

穂木（ほぎ）接ぎ木において、接ぐほうの木。接ぎ穂ともいう

【ま行】

幹吹き（みきぶき）剪定の対象となる不要枝。主幹から芽吹いている枝。胴吹きともいう→P.13

幹焼け（みきやけ）剪定したことなどにより、それまで日陰だった幹や太枝に直射日光が当たるようになり、その部分にダメージを受けてしまうこと。ひどい場合にはその部分、やがては樹全体までもが枯れてしまうこともある

実生（みしょう）挿し木や接ぎ木とは違い、種から発芽し、生育すること。またはその植物

芽かき（めかき）不要な芽を摘む作業

【や行】

誘引（ゆういん）植物の茎や枝を、支柱などに結び付けて固定し、目的の位置まで導くこと

弱い（よわい）剪定においては、弱い新枝、ほかの枝よりも細くて短い枝、弱い剪定（弱剪定）とは、切り落とす部分を短くして枝先に近い部分で切ることをいう

【ら行】

落葉樹（らくようじゅ）ある決まった時期（日本ではおもに冬）に葉が落ちる樹木→P.8

両性花（りょうせいか）ひとつの花に雄しべと雌しべの両方が備わっている花。多くの樹種がこれに該当する

輪生（りんせい）葉や枝になる芽の付き方を表す言葉のひとつ。1カ所から3本以上の葉や枝がつくタイプ→P.15

【わ行】

矮性種（わいせいしゅ）元の種に対して生長が遅く、背丈が高くならない種

脇芽（わきめ）枝の途中の、葉のつけ根にできる芽。側芽もしくは腋芽ともいう

190

さくいん

あ行
アオキ ………… 140
アジサイ ………… 32 
アセビ ………… 86
アベリア ………… 88
アメリカヒイラギ … 90
アラカシ ………… 92
イトヒバ ………… 148
イヌツゲ ………… 94
イヌマキ ………… 150
ウメ ………… 34
エゴノキ ………… 78
オリーブ ………… 141

か行
カイヅカイブキ … 152
カエデ ………… 36
カキ ………… 174
カクレミノ ………… 96
カナメモチ ………… 98
ガマズミ ………… 79
カラタネオガタマ… 100
柑橘類 ………… 176
キウイ ………… 178
キャラボク ………… 154
キンポウジュ ………… 102 
キンモクセイ ……… 104

ギンヨウアカシア … 106
クチナシ ………… 108
クロガネモチ ……… 110
クロモジ ………… 38
ゲッケイジュ ……… 112
コウヤマキ ………… 166
コニファー類……… 167

さ行
ザクロ ………… 180
ササ ………… 168
サザンカ ………… 114
サツキ ………… 116
サルスベリ ………… 40
シダレモミジ ……… 42
シデコブシ ………… 80
シマトネリコ ……… 118
シャクナゲ ………… 120
シャリンバイ ……… 142
ジューンベリー …… 184
シラカバ ………… 44
スモークツリー …… 46 
ソヨゴ ………… 122

た行
タケ ………… 156
チャボヒバ ………… 158
ツツジ ………… 116

ツバキ ………… 124
ドウダンツツジ …… 48
トウヒ ………… 169
トキワマンサク …… 126
トサミズキ ………… 50

な行
ナツツバキ ………… 81
ナンテン ………… 128 
ニッコウヒバ ……… 160

は行
バイカウツギ ……… 52
ハクモクレン ……… 54 
ハナミズキ ………… 56
ヒイラギナンテン… 130
ヒサカキ ………… 132
ヒメシャラ ………… 58
ピラカンサ ………… 134
ビワ ………… 185
フェイジョア ……… 186
フジ ………… 60
ブドウ ………… 187
ブルーベリー ……… 182
ボケ ………… 62

ま行
マツ ………… 162

マメザクラ ………… 64
マンサク ………… 66
ムクゲ ………… 68 
モチノキ ………… 136
モッコク ………… 138
モミジ ………… 36

や行
ヤツデ ………… 143
ヤマブキ ………… 82
ヤマボウシ ………… 56
ヤマモモ ………… 144
ユキヤナギ ………… 70

ら行
ライラック ………… 72
レンギョウ ………… 74 
ロウバイ ………… 76

監修

村越匡芳（むらこし・まさよし）
1942年生まれ。東京農業大学農学部造園学科卒。元株式会社小金井園社長、現在同顧問。社団法人日本造園組合連合会会員。社団法人日本植木協会委員。北海道、福島、千葉、東京などの植木農場と提携し、植物の生産管理や、新樹種の開発を行う。著作に「樹種別庭木の整枝剪定」「庭に植えたい樹木図鑑」、編著に「庭師が教える庭づくり─新しい樹種の剪定と育て方」「緑化樹木ガイドブック」などがある。

協　　　力	有限会社ピエトラ http://www.slowlifegarden.com/
写 真 提 供	アルスフォト企画
	株式会社岡恒
	株式会社東和コーポレーション http://www.towaco.co.jp/
	田貫湖ふれあい自然塾 http://www.tanuki-ko.gr.jp/
	日本トピアリー協会 http://www.jta.gr.jp/
	長谷川工業株式会社 http://www.hasegawa-kogyo.co.jp/
編集・制作	雅麗、オメガ社
デザイン	マニエール
写 真 撮 影	塩谷誠、田中つとむ
イラスト	AD・CHIAKI 坂川知秋

ひと目でわかる！
庭木の剪定

監修者	村越匡芳
発行者	池田士文
印刷所	大日本印刷株式会社
製本所	大日本印刷株式会社
発行所	株式会社池田書店
	〒162-0851　東京都新宿区弁天町43番地
	電話03-3267-6821(代)／振替00120-9-60072

落丁・乱丁はおとりかえいたします。
©K.K.Ikeda Shoten 2010, Printed in Japan

ISBN978-4-262-13622-6

本書のコピー、スキャン、デジタル化等の無断複製は著作権法上での例外を除き禁じられています。本書を代行業者等の第三者に依頼してスキャンやデジタル化することは、たとえ個人や家庭内での利用でも著作権法違法です。

23113003